ママを殺した

藤 真利子

幻冬舎

ママ大好き

パパ
1952年3月16日
31歳

ママ 20代
美容院で
ヘアモデルに

パパとママと

眞理 小学生 ママとお出かけ

ハナウマ・ベイで

1982年12月29日
ママ 初めてのハワイ

1987年5月19日
ママと2度目のハワイ
マウナケアビーチホテル

これもハワイ

1989年8月30日 福岡
海の中道ホテル

マウナケアビーチホテルの
ビーチで

1994年8月27日
ママ古希祝いに貴ノ花が
サプライズ登場！

1992年12月8日
ロンドン

1998年1月28日
日航ホテルのビーチで
撮影：月丘夢路さん

1998年1月27日
ママと4度目のハワイ
モアナサーフライダーホテルで
アフタヌーン・ティー
撮影：月丘夢路さん

2004年6月4日
バンコクで

2004年4月19日
菊田一夫演劇賞授賞式

2012年10月4日 お寿司屋さんへ

2016年4月9日
安倍首相主催
「桜を見る会」へ
行ってきます!

2014年5月3日
バーベキューパーティー

2014年12月24日
ユーミンのディナーショー帰りの
私とベッドのママ

2009年11月15日
バーベキューパーティー

2016年8月29日
ママ 92歳
最後のバースデイパーティー

ママを殺した

はじめに

「ママが死んだら私も死ぬ！」

幼い頃からの私の口癖だった。

その最愛のママが、二〇一六年十一月七日、肝硬変、腎機能障害による多臓器不全で亡くなった。

亡くなったと言うよりは、死んでしまった。

死んでしまったと言うより、死なせてしまった。

いや、死なせてしまったと言うよりは……

私が殺した。

壮絶な最期だった。

九十二年間、戦い抜いてきたママに、神様は、まだ辛い試練を与えるのか。

十一年間の介護の終点が、こんなにも酷い仕打ちなのか。

ママを失くして私は生きてゆけるのだろうか。
一度でも手を抜いた事はないか？
一秒でも楽をしようと思った事はないか？
一瞬でも死んで欲しいと思った事はないか？
半身不随で、口の利けなくなったママを、私は見殺しにしたのではないか？
毎日、自問自答する。
答えを出すべく、私は、ママと私の一生を綴《つづ》る。
これは、ママへの懺悔《ざんげ》の遺言書だ。

ママを殺した／目次

はじめに　3

I　ママはママになる

運命の日　12
パパと出逢うまで　20
ママと出逢うまで　22
ママが記した「ベビーブック」　26
大家族　31
厳寒の海へ　34

ママと二人に　35
小学時代　40
中学時代　46
高校時代　50
大学〜デビュー　61
女優一年生　71
大抜擢　73
舞台の洗礼　78
救世主　ユーミン　81
楽あれば苦あり　84
パパとの別れ　87
パパが帰ってきた　94
ハワイ大好き　96
パパの祟りか!?　99

ママ、再び乳がんに　102
苦あれば楽あり　104
ヒコ誕生　107
カズちゃん　110
腰椎骨折　112

II　私がママになる

運命の翌日　118
親の死に目に会えない　123
心原性脳塞栓症　127
リハビリ科　130
リハビリ病院に貴乃花が！　140

再び慶應病院へ　144
一年間で四日の仕事　146
荻窪病院初日　147
在宅への道のり　149
ママが帰ってきた！　153
夢は叶う　156
一日のスケジュール　159
介護保険　162
仕事再開　164
正月の大惨事　167
ダイエット　170
ヤブ医者　174
ノロ　177
恩人　林真理子さん　見城徹さん　尾木徹社長　180

奇跡の舞台　真砂女　184
オレオレ　190
ユーミン×帝劇　194
塩分制限　6g　201
観月ありさちゃんのバリ島結婚式へ　207
再入院・再々入院　212
ストマの恐怖　217
再々入院　221
ママの最期　230
ママへ　241
おわりに　243

ブックデザイン　鈴木成一デザイン室
ＤＴＰ　美創

I　ママはママになる

運命の日

二〇〇五年六月十九日（日）

どんよりとした朝を迎えた。

昨夜は、誕生日だったにも拘《かかわ》らず、明治座の二回公演を終えて帰ってきた私の夕食は、いつもよりずっと質素なクリームシチューで、私はあからさまに不味《まず》そうに食べて、寝た。

連休明けに、雨の中のゴミ出しで二度転び、腰椎を圧迫骨折したママは、朝から大音量のテレビの前にへたり込み、

「なんか変なのよね〜」

としきりに右足首を摩《さす》っていた。

ママが骨折してからというもの、私は、稽古場も、明治座も、家との直行直帰だ。帰ってから買い物に出るか、帰りにちょっと車を停めて買い物した時もあった。

しかし昼公演一回の今日は、初めて終演後に寄り道して帰る約束をした。

楽屋入りしてから、忘れ物に気づいた。

ママに電話すると、やっぱり家にあった。まあいいや、と電話を切る。

明治座の昼公演は時間が早くて、午前十一時開演だった。

なんとなくなんだが、午後の休憩時間に、再びママに電話した。

「ママ大丈夫？　葛城さんとご飯食べて帰るけど大丈夫？」

「大丈夫だよ！」

築地生まれのチャキチャキ江戸弁が返ってくる。

私の舞台を楽しみに、初日には必ず友人と十人位で総見《そうけん》してくれるママが、今回は、骨折で医者に安静を言い渡された為、総見は千秋楽までお預けで、ママは、この舞台をまだ観ていなかった。

明治座六月公演は、山本周五郎原作「五瓣《ごべん》の椿《つばき》」で、私は、菊川怜演じる「おしの」が心底憎む、放蕩《ほうとう》なおっかさん「おその」を演じていた。

終演後、楽屋口でカズちゃんが待っていた。約束したのは、カズちゃんだった。

カズちゃんは、ママに反対された私の彼だ。

今日は、カズちゃんの妹さんの発案で、カズちゃんの実家で、父の日の御祝をする事になっていた。

頂き物の胡蝶蘭《こちょうらん》を一鉢と、これも頂き物のゴディバのチョコをお土産に、私達は、タクシーで板橋のお宅まで急いだ。

お母様の手料理や、お寿司、日本酒を頂いて盛り上がり、それでも七時過ぎには、阿佐ヶ谷の自宅に戻った。

一日中曇っていたせいか、外はすっかり暗くなっていたのに、裏口の外灯がついていなくて、

「も〜何やってるのよ〜!」

と、気持ち良く酔いの回った私は、暗がりの中でバッグから鍵を探し、鍵穴を探した。

ドアを開けると、家の中も真っ暗だった。

なんかジャージャー音がした。

目を凝らすと、上がり框《かまち》に続く台所の流し台とテーブルの間に、大きな物体が転がっていた。

ママだった。

「ママー!!」

私は、ドカンと倒れているママに駆け寄った。ママは、左手で私の腕を力一杯引き寄せ、

「チュウ！　チュウ！」

と叫んだ。

私は、ママを抱き起こそうとした。何度も頑張ったが、その体は重すぎて私の手に負えなかった。

ママはその間ずっと私の腕を引っ張り続け、

「チュウ！　チュウ！」

と必死に私に訴え続けた。

「何？　チュウ？　チュウ……駐車場!?」

ママは、眉間に皺《しわ》を寄せ、

「うん」

と頷《うなず》いた。

「車は無理よ！」

ひとりでママを起こせないし、第一お酒を飲んでいた。私は、ジャージャーと出しっぱなしの給湯器の蛇口を閉め、すぐ目の前にある、受話器に手を伸ばそうとした。しかし、ママが私の腕を引っ張る力が強くて、なかなか受話器に手が届かない。

ようやく震える手で一一九番を押した。

随分経ってから救急車が到着した。救急隊員の簡単な診察が終わると、台所のテーブルを大きくずらして、ママは運び出された。私は、とりあえずの荷物を持って、少し駅寄りの高架下まで走って救急車に乗り込んだ。

ママは、長年沢山の病気で慶應義塾大学病院（慶應病院）に通院しているので、出来れば慶應病院にと救急隊員にお願いした。

救急車はその後少し移動して、駅前のロータリーに長い間停まっていた。

その中で初めて私は、ママの右半身麻痺《まひ》と、それが脳梗塞である事を知る。

私は、朝から盛んに右足首を摩っていたママが、滑って転んだものとばかり思っていた。私には、脳梗塞の知識は何もなかった。昨年、芸術座で共演したすまけいさんが、脳梗塞後遺症で、不自由な身体や言語を酷使して、必死に舞台と向き合ってらしたのを思い出し、ママもこれから大変なことになると、その程度の覚悟しかなかった。

「慶應では受け入れてくれませんねぇ」

駅前のロータリーに停まったまま、救急隊員は電話をかけ続けていた。

「一刻を争うなら、河北でいいです」

私が生まれた最も近い病院の名前を挙げた。

「いや」

と、救急隊員はもはや手遅れだという事を知っていたのだろうか。私は、

「慶應病院の名誉教授のご家族と親しいんですが、電話してもいいですか？」

「是非して下さい！」

救急隊員の許可を貰《もら》い、斎藤和久名誉教授のお宅に、自分の携帯から電話を入れた。

奥様が出られた。

「おばちゃま、助けてー!!」

連休明けにママが転んだ時と同じ台詞《せりふ》だ。斎藤先生に電話が代わった。先生は、と
ても穏やかな優しい口調で、

「斎藤と仰《おつしや》って下さい」

と仰った。

救急隊員達は、キツネにつままれたかのように、初めてサイレンを鳴らして、青梅街道から慶應病院へと車を走らせた。救急車は猛スピードで飛ばすと思っていたら、案外ノロノロで、イライラした。

「私の運転の方が、この車よりずっと速いですよ」

「救急車は、病人を乗せているので、そんなにスピード出せないんですよ」

へえ、そうなんだ。

私は、まだこの期に及んでも、事の重大さを認識していなかった。

慶應の救急病棟に、真っ青になったカズちゃんが飛んできた。その後、斎藤名誉教授の奥様と娘の紀子ちゃんが車で駆けつけてくれた。お姉ちゃまも来た。

「藤原靜枝さんのご家族の方！」

「はい！」

先生に呼ばれ、私達は一斉に立ち上がった。

「藤原靜枝さんは、西暦何年生まれですか？」

「大正十三年八月二十七日生まれです！」

私が答えた。

「西暦です！」

「だから大正十三年です！」

「西暦何年ですか⁉」

そんな事、後で調べればいいだろう。私は舞い上がった頭脳を駆使して懸命に計算した。

「一九二四年です」

そんな事、どうだっていいだろう。

ママは集中治療室に移され、先生から、

「今日が越せるか？」

と言われた。

パパと出逢うまで

一九二四年八月二十七日
ママは築地で生まれた。

旧姓は唐澤で、関東大震災の翌年に生まれた事から、「靜枝」と名付けられた。

父親は、築地や六本木に百軒近い家作を持つ大地主で、本願寺の隣の角にあった家では、「きつね」という、女給が働くカフェーも経営していた。

母親は、新富町の大きな染め物屋の娘で、それはそれは大層な婚礼を挙げて嫁入りしてきたという。

ママは、八人兄弟の七番目で（男男男女女男女女）、大変活発な娘だった。

ある朝の事。

必ず嫌いな漬物を食べ残すママに長兄が、

「漬物を食べるまで席を立つな！」

と怒鳴りつけ、ママは、家族全員が食べ終わった大きなちゃぶ台に、ひとり残された。

暫《しばら》くジーっと我慢していたママの顔は、見る見る赤くなり、目は吊り上がり、ついに何かがキレて、その大きなちゃぶ台を全力で見事にひっくり返した！

ママは生涯漬物を口にする事はなかった。

実家の「きつね」は、築地小劇場のロビーで喫茶店も経営していた。

幼いママは、店のくぐり戸を抜けて客席に入り、最前列の前の床にちょこんと座り、毎日、シェイクスピアだのチェーホフだのを喰い入るように観ていた。

当劇場の人気俳優薄田研二さんは、台詞を忘れるとママを探したそうだ。ママはすかさずプロンプしてあげたと言う。ママは台詞を全部覚えていた。

近所の築地小学校に入学し、姉二人に続いて大妻技芸学校へ進んだママは、卒業後、ドレスメーカーに通い、海軍経理学校では、理事生として働いた。

この間に、第二次世界大戦が始まり、終わった。

築地の家作はかなり焼けてしまったが、幸いにも住まいは焼け残り、軍隊に行った三人の兄も無事帰還した。ただ、妹の春枝だけが、軍事工場で粟粒結核《ぞくりゅう》にかかり、亡くなってしまった。

その後、築地に住居や店を構えた兄達と離れ、両親と次姉とママは、荻窪に移り住む。

善福寺川沿いの一軒家から、ママは洋裁店に働きに通っていた。ママは手先が天才的に器用だった。それと流行にも天才的に敏感だった。

まだ肌寒い春に近い夕方、ママは、西郊ロッヂングという洋風建物の前を、コツコツと大きなヒールの音を立てて家路を急いでいた。すると、二階の窓がガラッと開き、

「お茶、飲みませんか⁉」

と声をかけられた。

言い忘れたが、ママは絶世の美女だった。

ママと出逢うまで

一九二一年三月七日
藤原審爾《しんじ》は、本郷で生まれた。

父親は、岡山県備前の大地主、母親は芸者だった。

母親はパパを産んだ三年後、どこかへ消えてしまった。

父親もそれから三年後、病気で亡くなってしまった。

パパは岡山の祖母に育てられ、祖母亡き後は、伯母に育てられるという、不遇な少年時代を送る。

規律の厳しい閑谷中学校の寮生活では、何度も逃亡して叱られたようだ。

その後、上京して青山学院に進むが、肺結核になり中退。生まれつき病弱だったパパは、それから人生の大半を病床で過ごす事になる。

一九四七年に『秋津温泉』を発表し評価を得たパパは、以前より師事していた外村繁先生を頼り、再び上京した。

阿佐ヶ谷の外村邸玄関右の三畳間で、居候は、這いつくばって原稿を書いた。

しかし結核が再発し、阿佐ヶ谷の河北病院に入院。医者に再起不能と宣告されながらも、当時畳敷きだった病室は、布団周りに原稿が散乱していた。

一九五〇年、肋骨八本を切除するという、二回の大手術を経て、約三年の闘病生活の末、ようやく退院する運びとなった。

その間、病室で同棲していたのが「魔子」という新宿の飲み屋の女性である。しかし、退院と共に、パパの心は魔子から離れていった。

住まいのないパパは、師と仰ぐ井伏鱒二先生邸に近い、荻窪の「西郊ロッヂング」という洋風高級下宿を選び仕事をした。

一九五二年の春を迎える前、パパは二階の洋室で、いつものように左手にピースを挟み、原稿用紙と戦っていた。路地からヒールの音が段々と大きく響いてきた。その音に吸い寄せられるかのように窓を開けると、眼下に最新ファッションに身を包んだ世にも美しい女性が歩いていた。パパは思わず、

「お茶、飲みませんか!?」

と声をかけた。

二人は、荻窪駅南口の喫茶店「琲珈里《ひかり》」でコーヒーを飲んだ。マスターが、パパは作家だとママに教えた。

その年の七月に、パパは『罪な女』で直木賞を受賞。

二人の新居は、「西郊ロッヂング」から荻窪の料亭旅館「弁天荘」、阿佐ヶ谷河北病院先の一軒家の間借りへと移っていった。

しかし、パパは一つ大事な事を言い忘れていた。

岡山には、奥さんと子供が二人いた。

ママが記した「ベビーブック」

生まれる前の健康

おなかの中の赤ちゃんは、いつ迄も小さな赤ちゃんで、とても心配しました。

五月二十七日が生まれる予定日でしたが、五月に入り予定日になってもなかなく生まれそうもありませんので病院へ行きましたら、婦長さんが、

「来月生まれそうなおなかね」

と云《い》はれました。いつ迄も小さくてパパに私は、

「運動不足だから」

と随分云はれました。

二月一日午前二時頃に、私は突然血を吐きました。とてもビックリして、パ

パが病院迄お医者様を迎へにいって下さいました。なんでも赤ちゃんに胃を圧迫されて胃から血を出したのだそうです。安静が必要とかで、暫く寝ました。人手がないので家政婦さんに来てもらひました。胃はいつ迄も悪く、とてもつらい思ひをしました。

おなかの赤ちゃんの発育のためにカルシウム分を含んだお魚を食べようと思っても胃に悪く、胃の為によいものは赤ちゃんの為に栄養がつかず困りました。それでビタミン剤、カルシウム剤、エビオス等を服用して、赤ちゃんが元気に生まれてくる様努力しました。

誕生

一九五五年（昭和三十年）六月十八日

予定日より二十日も遅れ、お産に十二時間ぐらいかかって生まれた赤ちゃんは、パパそっくりで、大きな声で泣きました。

可愛らしい顔をして、おばあちゃまは、

「なんてきれいな顔の赤ちゃんでしょう」

と云いました。よその赤ちゃんのように赤くもないし、しわもなく、ほんとにきれいな赤ちゃんが生まれました。パパは男の赤ちゃんが生まれればいいと云いましたが、赤ちゃんを見てからは、女の子でもいいと云いました。

今年は七〇年目のあつい夏だとかで、赤ちゃんが生まれた日も、とてもあつい日でした。パパは文学学校へ行かれる日でした。赤ちゃんが生まれた日はお留守で、外出先で落着かず、いろんなものを沢山食べて、帰ってから具合が悪くなって寝ましたので、赤ちゃんをはじめてだっこしたのは翌日の十時頃でした。

命名

一九五五年（昭和三十年）六月二十四日　眞理《まり》

パパは最初に「龍《リユウ》」といふ名にすると云いました。私はそれでもいゝと思いましたが、荻窪のおばあちゃまが、

「私は蛇が嫌いだからいやだ」

と云いました。

名前はみんなして決めましょうといって、パパが沢山書いて持ってきました。

「眞理ちゃんが可愛らしい」

ということで決まりました。パパは、

「名前をつけるのは原稿を書くより大変だ」

と仰いました。


河北病院に入院中だったので、お家で小豆御飯を炊いてもらひ病院でお祝をしました。

荻窪のおぢいちゃまが、鳥の丸焼とピーマンの肉詰を作って持ってきて下さいました。

細窪さんも来て下さいました。

パパ、おぢいちゃま、おばあちゃま、細窪さん、私、とみんなで眞理のお祝をしました。

お乳のこと

眞理が私のおなかにいる頃、胃が悪くて栄養が体全体にいきとゞいてなかったせいか、オッパイが少ししか出ません。乳もみもしてもらったし、沢山御飯を食べる様にしましたが、少ししか出ません。かわいゝ眞理ちゃんが可愛想でたまりません。それで三時間ごとに牛乳のオッパイを牛乳ビンでチュウ〳〵飲ませます。とてもおいしそうに飲んでいつもビンを空にします。

母の生いたち

八人兄姉の七番目で、とてもワンパクでした。

両親も元氣で、私はスク〳〵育ちました。

大きくなったら女優にならうと思っていました。

それから自家用車のある家へお嫁に行きたいと思いました。みんなだめでしたが、今が一番しあわせです。

大家族

阿佐ヶ谷駅から北へ河北病院を過ぎたところに、通称「いつつかど」と呼ばれた五《ご》叉路《さろ》がある。

当時この辺りは、魚屋、肉屋、八百屋、酒屋、米屋、菓子屋、煙草屋、パーマ屋、風呂屋等が建ち並び賑やかだったが、五叉路を曲がると途端に静かになった。

結婚したパパとママは、そこを右折して五軒目に建つ須原邸の、玄関横の洋間と、二階を借りていた。

二階は、畳敷きの半回廊が、六畳と八畳の座敷を囲み、大きなガラス戸から陽の光が痛いくらい差し込んだ。寒くなると、陽の当たるこの廊下で、女中さんが着替えさせてくれた。女中さんが、肘《ひじ》の上まであるまった肌着を、手を突っ込んで、ピッと引っ張り出してくれるのが大好きだった。

二階には、あと三畳の女中部屋と洗面所があった。

パパとママと私の他に、編集者、お弟子さん、書生さん、仕事仲間、麻雀仲間、住み込みの女中さんが二〜三人と、黒猫ロワン、子猫ネズミがいて、文学学校の会には、二十人以上が集まった。

お弟子さん達は、代わり番こに、私のお守りを任された。西校の先生だった細窪さんは、教壇に私を座らせた事もあったそうだ。

隣の大人しい貞彦クンの家は、常に勝手口が開いていて、三和土《たたき》には、大小様々な靴や草履、サンダル、下駄などが所狭しと脱ぎ捨てられていた。私はしょっちゅうお宅に上がり込んでは、左右違う下駄を履いて帰った。

開いた勝手口の隙間から大きな座敷が見えて、時折蓄音機から風流な三味線と唄が聞こえた。座敷では、粋な和服のお師匠さんが、やはり和服のお弟子さんに、次々と日本舞踊を教えている。お弟子さん達の長い行列の一番最後に、いつの間にか私は並んでいた。順番が回ってきて、

「チン、トン、シャーン」

と、私はお師匠さんのお扇子でお辞儀を習った。私はその列に毎回並び、パパとママは相談して、お月謝をお支払いした。こうして私は、大好きな日本舞踊を習い始め

た。一歳半の時である。

私の子守唄は、モクモクの煙草の煙りの中から聞こえる、

「ジャラ～ジャラ～♫」

だった。

夜中に右足の激しい痛みで泣き出した時も、

「ジャラ～ジャラ～♫」

と家中に響き渡る麻雀パイの音と、パパ達の大きな笑い声に掻《か》き消され、幼い私の泣き声は届かなかった。

痛い右足に恐る恐る手を伸ばすと、膝小僧とくるぶしの真ん中辺が、ピンポン玉のように腫《は》れている。その恐怖に、私は更に力一杯泣き叫んだ。やっとママが飛んできて寝かしつけてくれた。その腫れも痛みも長いこと続いた。意地悪な伯父からは、

「マリ、嫁に行けないなー」

と、からかわれ泣いた。

その火傷は、女中部屋でゴロゴロ遊んでた私に、ひとりの女中さんが、

「うるさい！」

と、アイロンを押しつけた為の負傷だ。

痛い想い出しかないこの時期が、私の生涯で一番幸せだった。

幸せの証なのか。その傷は今も消えない。

厳寒の海へ

冬の砂浜は、真夏の海水浴場とは別な顔をしていた。

暮れかかった伊東の海は、日本海の荒波にも負けぬ恐ろしい形相で、ママと私を呑み込もうとしていた。

ママは、小さな私の手を引いていた。

「つめたい！」

思わず私は叫んだ。

その叫びは、海を越えた遥か先の何かに届いたのだろうか。

ママは留《とど》まった。

私を抱きしめて、母娘の姿は切り絵のように、凍《い》てつく闇の中へ溶けていった。

海鳴りが木霊《こだま》した。

ママと二人に

「パパー!!　パパー!!」

私の夜泣きが始まった。

子守唄の「ジャラ〜ジャラ〜♫」が聞こえず、煙草の匂いも、パパたちの笑い声も聞こえない。

「パパー!!　パパー!!」

必ず、ママが飛んできた。いつになってもパパの顔が見えなかった。

四歳になった私は、ママと二人、正確に言えば、あと女中のチエちゃんと、ペルシャ猫アンナと、阿佐ヶ谷駅を隔てた南の線路沿いの一軒家に引越した。

ママが両親から相続していた築地の家作の家賃だけで家が買えるとは思えないが、それでもこの時のママにはこれしか道は残っていなかった。

夜泣きする私の声も、パパの仕事を攻撃したと思うが、パパの心は、もはやママにはなかった。パパが女性と泊まる旅館に、ママは下着を風呂敷に包んで届けていたという。もうパパの世界では、ママと私は邪魔になってしまったのだ。

新しい家には、ママが子供の頃から憧れていた塀があった。

大きな玄関の左に、大きな洋間があり、右手は、三畳の女中部屋、トイレ、洗面所、お風呂場、台所へと続いた。玄関の奥には、襖《ふすま》で仕切られた六畳間が二部屋、長い縁側の向こうには柿が沢山熟れていた。縁側を左に進むと右に二部屋、左に大きな屋内駐車場があり、突き当たりの階段を上がると右に、三面ガラス窓の明るい四畳半と、窓から出入りする木製の物干し台があった。電車が通る度にガタガタ揺れた。

二人で住むには大きすぎる。

ママは、一縷《いちる》の望みをかけていた。

机の上には、パパの書き損じた原稿用紙や、新品の束も山積みになっていた。パパがこの家で原稿を書いたり、一度位「ジャラ〜ジャラ〜♫」を聞いた気がするのは、私の幻想だろうか。

春を迎えると私は、以前の家に近い白梅幼稚園に入園した。越境のような形で、女中のチエちゃんが、自転車で送り迎えしてくれた。

日本舞踊は、お師匠さんが家で教えて下さることになり、パパがピアノを買ってくれて、ピアノも家で習った。

ママから吉報が入った。私のお姉さんとお兄さんが、岡山から来るという。

私は嬉しくて、うさぎのようにピョンピョン飛び跳ねて喜んだ。兄弟が欲しくて欲しくて堪《たま》らなかったのだ。

お姉さんとお兄さんは、私よりずっと大きくて、初めはちょっと恥ずかしかったが、すぐに私を可愛がってくれた。

「パパ」「ママ」と呼ばせたママが、「お姉ちゃま」「お兄ちゃま」と言うよう私に躾《しつ》けた。

お姉ちゃまは十一歳年上で、お兄ちゃまは九歳年上だった。

この頃は知らなかったが、お姉ちゃま、お兄ちゃまのお母さんが亡くなり、ママはパパの代わりに岡山の葬儀に行ったらしい。

お姉ちゃま達は、ほんのちょっとだけ、この家に住んだが、すぐにパパの仕事場へ引き取られてしまった。

そこに、消息不明だったパパの生みの母親がいきなり現れた。

このおばあちゃまは、パパが三歳の時に家を出て、博打打ちの親分と駆け落ちしていた。

芸者をしていた割には地味な和装で、黒く染めた長い髪を油でひっつめて、意地悪ばあさんみたいに、玉簪《たまかんざし》一本で器用にお団子を作っていた。しかし寝る前になると、髪をほどき、海外ドラマのような紫のスケスケのネグリジェに着替え、度肝を抜かれた。

おばあちゃまと私は、毎朝早く北口の神社までお参りに行き、群がる鳩にお米を撒《ま》いた。

私の日舞の稽古で、お師匠さんが弾く三味線は、おばあちゃまの形見と思ってパパが大事に保管していたものだ。おばあちゃまは、愛おしげに三味線を見つめ、その音色に、楽しそうに体を揺らしていた。

おばあちゃまはまたいつの間にかいなくなった。

ある日、お兄ちゃまがパパに会わせてくれるという。

私は極上のお洒落《しゃれ》をして、お兄ちゃまにくっついて、北風にも負けず電車に乗り込んだ。

久しぶりに会ったパパはびっくりして、すぐに私を抱き上げて、

「チュウ」

とほっぺを突き出した。私はパパにチュウしてあげた。パパからもチュウしてもらった。

そのマンションの外廊下を歩いていた丸山明宏さん（美輪明宏さん）が、

「ま〜かわい〜」

と私を抱っこして下さったそうだ。

お兄ちゃまと私は、キャアキャアはしゃぎながらママの待つ家へと帰った。

しかし、ママにこの一部始終がバレない訳はなかった。

私が行ったのは、パパが「仕事場」と称して女性と暮らす四ツ谷のマンションだっ

た。

「マリが汚《けが》れた!!」

ママは私をお風呂場に引きずり込み、冷たい残り湯が溜まった浴槽の中に、頭から投げ込んだ。

「マリちゃんが死んじゃう!!」

「マリちゃんが死んじゃう!!」

お兄ちゃまの叫び声に、ママは益々深く私を沈めた。ママは私が死んでもいいと思った。そうしなければ、この子達には判《わか》らないと。

ママの屈辱は、私達には計り知れなかった。

それでもパパが恋しかった。

小学時代

「ま〜り〜ちゃん!!」

？

聞きなれない男の子の声に、まだ朝ごはんの途中だったママと私は、顔を見合わせた。

今日は、小学校の入学式だ。

学芸大附属小学校の入試にガラポンで見事落っこった私は、近所の杉並第七小学校に入学することになった。公立だから服装は自由で、だからといって大好きな着物は着れず、この日は、刺繡《ししゅう》入り、フリル付の白い大きな襟のブラウスと若草色のブレザー、チェックのプリーツスカート姿で、髪型は、最々先端のセシールカットだった。

ママは、淡いブルーの着物に黒い羽織を着ていた。

裏口には、知らない男の子とお母さんが立っていた。私はこの地区の幼稚園に行かなかったので、近所に友達はひとりもいなかった。雄ちゃんというこの男の子と、私はこの日から毎日手を繋《つな》いで通学することになった。

一学期の成績は、国語と音楽が4で、あとは全部3。二学期、体育だけ3で、あとは4。三学期、国語と音楽が5で、体育の3以外は4。一年間無欠席だった。先生か

らの通信欄には、

「元気がよく、学習もまじめにしっかりやっています。はきはきと進んで発表します。文字が大変きれいです。七月」

「学習態度も積極的で、仕事もしっかりやりました。明朗で友達にも人気があります。十二月」

「理解力は優れていますが、やゝ早のみこみの傾向が見え、おちつきが少したりません。三月」

国語はもう漢字も少し書けた。

日本舞踊は、藤間流の会で、「手習子《てならいこ》」や「淡島」を踊ったり楽しかったが、パパの方針で、小学校入学と同時に辞めさせられた。ピアノのレッスンは、引き続き男性の松井先生が、週一回教えに来て下さった。踊りの代わりに、従兄弟の徹ちゃんが勉強を教えに来た。

私の誕生日やクリスマスには、ママが家で盛大なパーティーを開いてくれた。

ガラス細工の大きなボウルの縁に、同じガラス細工のコップが十二個ぶら下がっている、ママ特製のフルーツポンチは家の名物で、呼んでない子やお母さん達まで競って食べた。器用なママの料理はプロ級だった。

洋裁はプロだったので、私のドレスはほとんど手作りだった。

「これが着たい！」

テレビで歌うザ・ピーナッツのドレスを指さすと、何日後かには、全く同じドレスが私のサイズで仕立て上がっていた。

そんなママに、舞台衣装の依頼が舞い込んできた。

前の家に、パパを慕って出入りしていた村井志摩子さんが演出する「チュ・ﾐ」という お芝居に、稽古場として、空いてる家の駐車場を使用し、ママには、舞台衣装をデザイン、製作して欲しいという。寺山修司が初演し、蜷川幸雄が演出家デビューした、アンダーグラウンドシアター「アートシアター新宿文化」での公演だ。

ママのデザイン画は斬新だった。

バービーみたいなスタイル抜群の女性が、ビキニを着ていて、その胸元から背中まで、極彩色のリボンが何本もお尻の下まで垂れている、ちょっとエッチな衣装だった。

ママの絵の美女は、横向きでツンとしていた。

主演の岡田英次さんと芳村真理さんが、家の応接間にいらした。テレビでよく見ていたので、ドキドキした。

学校から帰ると、私は毎日ランドセルを放り出して、稽古に釘付けとなった。台詞も覚えた。本番の舞台も、夜遅くに客席の上の方から観せてもらった。判る筈もないが、感動した。

パパの仕事場は、中野坂上に移り、天沼に移った。家からも歩いて行ける距離で、パパはよく自転車でフラ〜と現れた。

私は、お姉ちゃまやお兄ちゃまに何度か連れて行って貰ううち、なんとなく場所を覚えた。熊野神社が目印だった。そこまで行ければ、パパの仕事場に行けた。熊野神社を知ってる友達がいて、パパの仕事場まで辿《たど》り着けたことがある。ママにも頼まれて、私はママを連れて天沼のパパの仕事場へと向かった。少し寒い午後で、ママはよそいきの着物とコートを着ていた。私もよそいきのドレスにコートと帽子を被っていた。外出の際、ママは必ず嫌がる私に帽子を被らせた。

パパの仕事場は大きな門構えで、大きな外車があった。ブザーを押して玄関のドアを開けると、女性が出てきた。

「主人をお願いします」

ママが強い口調で言った。

パパが出てきた。

「何だ！」

パパも強い口調だった。ママは、草履を脱いで上がろうとした。

「ここは私の家です!!」

「帰れ!!」

病弱なパパのどこにこんな力があったのだろう。ママは突き飛ばされ、三和土に転がった。

私とママは泣きながら帰った。どの道を通ったかも覚えていない。あっという間に陽は暮れていた。ママは震えながら、時々、

「あゝ悔しい」

と嗚咽《おえつ》を洩《も》らした。

パパが大嫌いになった。

私は、ママを一生守ってあげようと、この時はっきり心に誓った。

中学時代

中学受験にも失敗し、私は「アサチュウ」という阿佐ヶ谷中学校に入学した。学年の半分は友達だった。

パパからは、毎月仕送りをして貰っていたが、それが滞ることもしばしばだったようだ。

パパの多趣味は、麻雀、囲碁、将棋、パチンコ、ビリヤード、競馬、釣り、陶器の収集の他、長崎国体にも出場した野球チーム「藤原組」を持ち、背番号一〇〇番で監督もしていた。選手は、高校野球からスカウトし、面倒を見た。設計にも凝り、天沼の仕事場は、パパの設計で建て直した。

ママは、働く事にした。

家からすぐ先の高架線を潜った北側、今はスターロードと名付けられた商店街で、店を開くことになった。当初は、洋菓子店の予定だったが、立地条件等から、串揚げや、料理上手なママの手料理を出す店に変更される。リフォームも大掛かりで、食器や調理道具一式は、合羽橋《かっぱばし》まで揃《そろ》えに行った。ママは、和風スナック「ぱぴよん」でもママとなった。

ママは、毎日綺麗にお化粧して、髪をまとめ、着物を着て、夕方前に家を出た。女中のチエちゃんは、もう辞めていなかったので、私はひとり残された。夕ごはんは、家にない時は、開店前に、店のカウンターでひとり食べた。私は、段々ひとりが怖くなってきた。二階の自分の部屋にいる時、

「ガタ」

とちょっとでも物音がすると、下までそっと降りていった。一日に何度階段を上り下りしたか判らない。

受験シーズンにも入ってきた。

そんな時に、パパの恩師、故外村繁先生邸で、ご子息晶先生の奥様が、かつて教壇に立たれていた学校のアルバムを見せて下さった。

青い空に白い雲、富士山をバックに、まるでスイスの教会のように聳《そび》え建つその学校は、「不二聖心女子学院」という。聖心女子学院の姉妹校で、静岡県裾野市の山の

上に位置し、寄宿舎もある。

ママは、皇后美智子様が卒業なさった、お嬢様学校の聖心女子学院に、私をなんとか入学させたかった。しかし、中学受験は落ちた。

私は、幼い頃から、『少女パレアナ』や『赤毛のアン』等、少女小説が大好きで、寄宿舎生活に憧れていたところもあるし、今の環境から飛び出したい願望もあり、突然奮起して、定員三十名の狭き門に向けて勉強に励んだ。

外村夫人のご紹介で、不二聖心卒業生、現聖心女子大生の渡辺万里子さんが、勉強を教えて下さることになる。

渡辺さんは、肩下くらいの髪をフワフワに巻いていて、薄い丁寧なお化粧が上品で、いい香りがした。少し長く尖った爪には、口紅がピンクならピンク、口紅がオレンジだとオレンジのマニキュアをして、聖心大の学章の指輪をしていた。頭も良くて、何から何までエレガントで憧れた。

渡辺先生の勉強が終わるのを見計らって、ママが、毎回フランス料理店のような豪華な夕食を用意してくれた。私は、ナイフとフォークを使いながら、不二聖心の寄宿舎の話や、女子大生のホットな話題に、夢を馳せた。

不二聖心女子学院の入試は、筆記試験の他に、両親同伴（必須）の面接があった。

パパとママと私は、三人で新幹線に乗った。

生まれて最初で最後の三人旅だった。私は、なんだか胸が詰まった。

シスターの面接は、厳しかった。

パパは既に著名な作家だったにも拘らず、シスターは、パパにも鋭く質問する。パパは、自分の寄宿舎生活の話を折り込み、規律正しい生活の中で勉学に励ませたいと語った。

校舎から出るや否や、パパは振り返り、眩《まぶ》しそうに鐘塔《しょうとう》を見上げ、

「ここは無理だな」

と、ため息をついた。

帰りの新幹線は少し重苦しかったが、私達親子の記念の旅は終わった。

私は合格した。

高校時代

「父と子と聖霊のみ名において――アーメン」

寄宿舎の一日は、お祈りで始まり、お祈りで終わる。

一年生の私の部屋は、「ドミトリー」という大部屋だ。真ん中に通路があり、左右にベニヤ板で仕切られた、三十位のベッドが並ぶ。ひとり二畳程のスペースには、ベッドの他、床頭台と椅子があり、扉はなく、カーテンの開閉で出入りする。

起床は、シスターが通路を歩きながら鳴らす、ハンドベルの音が合図だ。起きるとまず、椅子をカーテンの外に出して、布団をその上に置く。これが起きた証拠となる。パジャマの上にガウンを羽織り、洗顔。ベッドメイキングして、制服とスモックに着替え、カーテンを開き整列、点呼、お祈り。

「スタディ」という勉強部屋は、やはり大部屋に三十位勉強机が並んでいて、勉強はそこでする。

食堂は、左右に大テーブルがズラーッと並び、各テーブルに七人ずつ、小学生から高校三年生までが、バランスよく組み合わせられていた。

食事時間は三十分。

お祈り後、テーブル上の食事を、上級生がスプーンとフォークで片手で取り分け、ナイフとフォークで、デザートまで時間内に食べ切る。バナナも、リンゴも、桃も、スイカも、ナイフとフォークで切って食べた。

制服は、白いブラウスと、茶色の三つ揃いのスーツで、登下校以外は、ジャケットを脱ぎ、茶色のスモックを羽織る。セーターは、「購売」という売店で茶色の毛糸を買い、各々自宅で作る。余った毛糸でママにベストを編んで貰ったら、授業中、先生に指差され、怒鳴られた。ベレー帽、ハイソックス、カバン、革靴も全て茶色で統一されていた。

土曜日、午前中の授業が終わると、帰宅が許された。しかし、日曜日六時の夕食に間に合うように、学校に戻る。新幹線の使用は、贅沢《ぜいたく》という理由で緊急時のみで、私達東京組は、東海道線か東名バスを使った。

膨大な宿題を抱えて、正味数時間の帰宅だったが、待ち遠しかった。

公衆電話はお金がかかるので、「購売」で不二聖心の絵葉書を買って、ママには、葉書や手紙を書いた。ママからも、沢山手紙や小包を貰った。全部速達だった。

まりちゃん

今まで郵便を待っていましたが、あなたのお手紙は来ませんので、これだけ速達で送ります。

今大森のおばちゃまに電話しましたら、まりちゃんからお葉書が来たと云っていました。伯父ちゃまがとても喜んだそうです。又手紙を書いて出しなさいね。ままは急いで手紙を書いています。これから速達を出しに行きます。あとの手紙の分は着き次第送ります。

土曜日はごちそうを作って待っています。たまにはパパにも手紙を出しなさいね。からだに気をつけて下さい。

四月十四日　まま

大森のおばちゃまとは、大森に住むママの長姉で、ベトナム人と結婚して、私より少し年上のセントメリースクールに通う、ルイとバブという息子がいる。

夏休みや冬休みになると、私は大概大森《たいがい》に預けられた。

坂の途中に建つ豪邸は、外国のお屋敷みたいで、庭も広かった。夏には、ジリジリと照りつける太陽の下で、芝刈り機を押したり、池の金魚にエサをやったり、外人さんが何人も訪れたバーベキューパーティーでは、私も英語を喋れた気になった。そして、必ず下田のホテルに、二週間位滞在した。

私は、リッチな生活が楽しくて、迎えに来たママを、何度もひとりで帰した。

当時、娘のいなかった伯父から盛んに、

「眞理をくれ」

と言われたと、後にママから聞いた。しかし、伯父、伯母からは、ママが生活に困って、

「眞理を貰ってくれ」

と頼んだという。

どちらの話が本当かは判らないが、最終的にママは、

「どうしても眞理はあげられない」

と断ったそうだ。よかった。ここの子にはならなかったが、ルイとバブとは、むしろ実の姉兄より多くの時間を共有した。その後、二人共アメリカに留学し、アメリカと香港で家庭を持った。

まりちゃん
クラブ申し込み書同封します。数学のクラブは是非入りなさいね。演劇はあまり感心しません。
少しは寮生活に慣れましたか？　みんなのうらやましがる学校に行ったのですから、少しは我慢しなさいね。ままも淋しいけれど仕方ないでしょ？　お店は昨日は忙しくてよかったです。中野のおぢちゃまがお友達と呑みに来ました。
帰るときは東名バスだとか？　よかったですね。ほっと安心致しました。それから中野に毛糸渡しておきました。すぐ出来ると思います。
元気でね
四月十五日　まま

中野のおぢちゃまとは、中野に住むママの長兄で、奥さんが編み物教室を経営していて、私の学校用のセーターを作って貰った。

まりちゃん
無事に学校へ帰ったことと思います。

荷物は重かったでしょ？　心配でままは気になって仕方ありませんでした。今日速達でお菓子と石ケン送ります。もし郵便局で値が高いようでしたら、石ケンは普通小包で送るかもしれません。

昨日陽子ちゃんに会ったら、お友達で名前はままが忘れましたが、まりちゃんと一緒に入学した人が居るそうです。その人に（英語がすごく出来る人）よろしくとまりちゃんのこと頼んでおいたそうです。

シャム猫が生まれたとかで、貰ってくれって言われて困っています。

元気でね

四月二十一日　まま

寄宿舎では、朝、洗面所で一斉に顔を洗うのだが、皆が使っている石ケンは、私が持って行った白い固形石ケンではなく、チューブとか透き通ったゼリーみたいな洗顔石ケンで、私は家でも一度見た事があったので、それを送って欲しいとママに頼んだ。

それから、阿佐ヶ谷の花見せんべいも沢山送って欲しいと頼んだ。週一回、各々おやつを持ち寄る「スペシャルティー」の為だ。

しかし、お金持ちのお嬢様が持ち寄るお菓子は「ヨックモック」とか、未だ聞いた事もない、世にも美味しいお菓子ばかりで、阿佐ヶ谷名物の花見せんべいは、あまり人気がなかった。

土曜日家に帰ると、シャム猫が待っていた。私は「ボーヤ」と名付けた。

一九七二年六月十七日（土）

明日は日曜だが、朝から身体の不自由な子供達を施設から招いて遊ぶ催し物が講堂で開かれる。

私はその係だったのだが、明日は私の誕生日だ。三年間の寄宿舎生活で、日曜に誕生日が重なるなんて奇跡に近い。私は、同じ係の友達と交換条件の約束をして、明日休む代わりに、今日はその友達の分まで精一杯働き、暗くなった東名裾野からひとりバスに乗り、遅くに帰宅した。

ようやく帰った私に、パパからの電話で怒られた。

「何故帰ってきた！　誕生日に身体の不自由な子達の世話が出来るなんて、こんな幸せな事はないじゃないか！」

翌朝早くに私は家を出て、昨日、思いきり飾りつけした講堂で、子供達と一緒に輪になって遊んだ。無邪気に笑う子供達に、私は心の底から詫《わ》びた。粗末な自分を恥じた。遠ざかるバスの中から、必死に手を振る子供達に、痛い程手を振り返した。涙がボロボロ流れた。

パパからの素晴らしい誕生日プレゼントだった。

結果私は、不二聖心に入学してから高三の夏休みまで、寄宿舎でも家でも泣き続けた。

夢だった寄宿舎生活は、少女少年院より厳しかったかもしれない。試験勉強や宿題を、布団の中で、懐中電灯の明かりが漏れないように隠れて徹夜したり、テレビもほとんど見れなかった。土曜日の帰宅も、山程ある宿題にかかりっきりだった。日曜の午後、阿佐ヶ谷駅の改札で、ママから荷物を受け取った瞬間から涙が溢《あふ》れ出て、決して後ろを振り向けなかった。そんな状態が続いた高三の夏休みが終わった頃、ママから、

「パパとも話したんだけど、そんなに辛いならもう辞めなさい」

ママの言葉は静かだった。

決して脅しではない覚悟があった。

甘ったれていた私の根性は、氷水を浴びせられた。

その日から、私はまるで魔法にかかったかのように、全く泣かなくなった。

その後、聖心女子大学への推薦が決まった。

「シャーシャー」

変な音がした。

変な臭いもした。

ガスだ。
ママがガス栓を捻《ひね》った。
私は飛んで行ってガス栓を閉めた。
ママがまたそのガス栓を開けた。
布団に入ったママは酔っていた。
「マリちゃんの大学は決まったし……
もう何の目標もなくなった……
それだけを目標に頑張ってきたんだ……
もう、死のう！」
私が閉めたガス栓を、またママが開け、私が閉めた。
「マリちゃんが……冷たいって言ったんだよ……
あの時……
冷たいって言ったから……
やめたんだ……
でももう家もボロボロになっちゃったし……

もう、死のう！」
ママはまたガス栓を捻った。
私は、大森のおばちゃまに助けを求めようと電話機に走った。
「やめなさい！　あの人は幸せなんだから！」
私はゼイゼイ泣いた。
私の門出に絶望するママの隣で、茫然《ぼうぜん》と夜が明けるのを待った。
どん底にいるママを救えるのは、もはや神ではなかった。
パパの許へ駆け込んだ。

「マリちゃん違うんだよ」
ママと私を捨てたと責める私に、炬燵《こたつ》の中でパパは泣いていた。
パパの涙を初めて見た。
今、気がついた。
悪いのは私だったのだ。
私さえ生まれて来なければ、パパとママの亀裂はなかったかもしれない。あったとしても、修復出来たかもしれない。修復出来なかったとしても、二人共、新しい人生を切り開き、幸せな家庭を持てたかもしれない。

私は、親を二人共不幸にしてしまった。

最悪に親不孝な娘だった。

大学~デビュー

聖心女子大学に入学してから、パパの天沼の仕事場へ行くことが公認となった。

ママの許可の下に、初めて大手を振ってパパの仕事場に行った。

パパの仕事場は、更に大きな門構えとなり、大きな犬が吠えた。玄関を開けると広い土間があり、

「いらっしゃいませ」

奥から知らない女性が出てきて、深々と頭を下げた。パパの彼女を初めて見た。

体の弱いパパは、休んでいる時も多かったが、私が行くと、いつも機嫌良く起きて、それから、パパのカチカチに凝った肩をマッサージしたり、屋根裏の図書室を掃除したり、整理したりして、お小遣いを貰った。

私は生まれてから一度も、毎月のお小遣いというものを貰った例がない。パパは、

「労働なくして、報酬はあり得ない」

と小さな私にも教えた。肩揉みだのして、何回かに一回、原稿料の小切手とか貰った。

聖心女子大学は、高校に輪をかけて全国からセレブのお嬢様が集まっていた。丁度流行り始めた、海外ブランドのバッグや時計や毛皮のコートを身に付け、ベンツを運転して通学する同級生までいた。私は、三年間の寄宿舎生活のおかげで、洋服は数える程しか持っていなかった。

聖心大は、グレーのスーツが制服だったが、入学式と、最初の頃着ただけで、制服はいつの間にか冠婚葬祭用に変わっていった。

パパが問屋で洋服を買ってくれる事になった。

しかしその為には、パパと暮らす女性に連れて行って貰わなければならない。悩ん

だが、もう背に腹は代えられない。私は馬喰町《ばくろちょう》の問屋で、山のような洋服を手に入れた。

言うまでもなく、ママに全てゴミ袋に放り込まれ、一瞬のうちに外のゴミに捨てられた。

洋服ごときで身売りした自分が悍《おぞ》ましかった。

家の改築が始まった。

パパの設計で、パパも楽しそうに家に足繁く通ってきた。

玄関の入り口は、北から東に変わった。未だ車のない車庫は、東寄りから西寄りの青空駐車場となった。

玄関は、以前よりずっと狭く、三和土に、何故か編集者が待つ用の腰掛けがある。応接間にも大勢のお客様を意識した畳敷の縁台が三畳分あったりして、家は、障子に囲まれた、和風モダンの家に生まれ変わった。

ママと私の意見は、全く反映されなかったが、ママも私も、新しい家が作られていく中で、生きる勇気を貰った。

ママの店は、二年足らずで閉店した。儲からなかったとも思うが、私が嫌がった事も大きな原因になったと思う。ママは、また私だけのママに戻ってくれた。

そんなママの苦労を知ってか知らずか、パパは幼い頃から私に、

「おまえは何になりたいんだ？」

と言い続けてきた。私は、ママの苦労を知っていたので、何か手に職を持ちたいと、本気で仕事を探しながら育った。お菓子屋さん、おもちゃ屋さん、郵便局でスタンプ押す人、お姫様……沢山の候補の中から、少しずつ女優さんに絞られていった。

高校時代から私は、日本語演劇部の影響で、新劇やアングラ演劇に興味を持ち、夏休みには近くのバレエ教室に通ったり、実は、大学に進学するより、劇団に入り、早く演劇に触れたいと思っていた。しかしパパは、

「演劇の世界というのは、コツコツ修業を積んだからといって、必ずしも上に上がれるという世界ではない。コツコツ地道に修業している人の横から、力をつけた人が、バーン！　バーン！　と横入りしてくる世界なんだ。それに、まだこれから新しく興味ある仕事に出逢うかもしれない。だから、今すぐ自分の道を決めるのではなく、執行猶予のような形で大学に行きなさい」

と、私に諭《さと》した。パパに従ったが、気持ちは焦った。

大学二年の夏、十年振りに、アートシアターのプロデューサー葛井欣士郎さんに、ATG映画「本陣殺人事件」の試写会に招かれお目にかかった。葛井さんと、演出家村井志摩子さんは、あの時の舞台がご縁で、結婚なさっていた。葛井さんの記憶はあまりなかったが、葛井さんは、小さかった私を覚えていて下さり、

「サナギが蝶《ちょう》になった」

なんて形容され、その後、ATG映画のヒロインのお話を下さった。

「女優なんて出来る訳ない！」

パパに一刀両断された。

なんだかんだ言って、結局のところ、パパは私を女優にしたくなかった。その理由は簡単だ。女優を知っているからだ。

私は悔しくて悔しくて、尚一層演劇に近づく為、舞台を観まくり、稽古を見学させて貰ったり、演劇の本も片っ端から読んだ。

大学四年の春、再びは葛井さんからATG映画のお話を頂いた。「北村透谷　わが冬の歌」の樋口一葉役である。

私は、この役を逃したら、もう二度とこんなチャンスは訪れないと、パパに必死に食い下がった。パパはとうとう、

「一葉の勉強をしなさい」

と、承諾してくれた。現場を一度経験したら、その厳しさに尻尾巻いて逃げ出すに違いない、とパパは踏んでいた。

私は、樋口一葉を読破し、一葉記念館や、お墓参りに行き、一葉を研究した。撮影は夏休みで、指折り数えた。

六月、私は母校の不二聖心女子学院に、社会科の中学一級、高校二級教員免許の実習の為、泊まり込んでいた。私はこの資格を取る為に、最多だった社会科の単位を、三年間でほぼ修得していた。大学へ行ったからには、教員免許はどうしても欲しかった。二週間の実習の中休みに一旦帰宅した際、葛井さんから連絡があり、赤坂のTBSスタジオまで連れて行かれる。

テレビがズラーッと並んでいる部屋で、プロデューサーの方にご挨拶し、少し質問にお答えした。テレビ画面には、女の子が入れ替わり立ち替わり、同じ鬘《かつら》に同じ着物を着て、台詞を喋っていた。私も急遽《きゅうきょ》同じ鬘を被り、同じ着物を着て、台本を読まさ

れた。

翌日、私は再び不二聖心へ戻り、残りの教育実習を終えた。生徒達と涙のお別れをして帰宅すると、先週のTBSのカメラテストで、私は、最終審査の五人に残り、今後のレッスン次第で、主役に決まるという。

早野寿郎先生のレッスンは、うさぎ飛びしながら外郎売《ういろううり》を暗唱したり、体育会系の激しい特訓で、私は階段の昇り降りも儘《まま》ならない程、憔悴《しょうすい》した。最終テストは、「白浪五人男」だった。私の役は南郷力丸で、必死に覚えて練習した。

早野先生、プロデューサー、作家の西沢裕子先生方がずら〜っと並ぶ前で、私は最後の出番だった。

「さ〜てどん尻に控《ひけ》えしは〜」

私は、顔も声も動きも、歌舞伎の見様見真似で大見得を切った。

先生方全員が、ひっくり返っての大爆笑となり、私は、ポーラテレビ小説「文子とはつ」の〃はつ〃という女中役を獲得した。

私の仕事に対してママは、パパに全て一任していた。パパは私の情熱で、渋々承諾してくれた。

ところが、大学側が全く駄目だった。

樋口一葉に関しては、夏休み中の撮影という事もあり、許可が得られたが、テレビ小説は、前例がないという理由で、固辞された。最後の切り札として、パパが教授会に嘆願書を提出してくれた。

「演劇の世界というのは、他の職業のように、大学在学中に試験を受け、卒業後就職するという順序立てた就職は難しい。今回の在学中の仕事を、娘の就職活動の一環として認めて頂きたい」

それを受けて、教授会からは、
一、学校の名前は出さない事。
二、本名を変える事。
三、学校に通う事。
を条件に、なんとか許可が下された。

一九七七年七月二十八日（木）

赤坂TBSで、「文子とはつ」の制作発表が行われた。

お嬢様の文子役は、新人ではなく、俳優座の香野百合子さんで、私は、初めてメイクさんにヘアメイクして頂き、白いブラウスと紺のスカートに、ママのサンローランのスカーフを巻いて、会見と写真撮影に挑んだ。

私の名前は、藤真利子。

本名と同じく、パパによる命名だ。

パパの力を借りずに、演劇の道を歩みたいと思っていた私だが、翌朝の新聞は全て、

「作家・藤原審爾の娘　藤真利子ばってき」

「藤原審爾の愛娘　清ソ、フレッシュな藤真利子」

「また〝二世〟ヒロイン　藤原審爾の長女が」

と、七光りの嵐だった。

一九七七年八月十八日（木）
明日から、待ちに待った「北村透谷　わが冬の歌」の撮影が始まる。
遅くに秩父入りした私に、出迎えたスタッフから、明日の台詞の改訂稿を渡された。

明日は、村井志摩子先生による特訓の成果を披露する筈が、想定外の幕開きとなり、同部屋の田中真理さんの隣で、私は一睡も出来ず、初日を迎えた。

「事業は尊ぶべし、勝利は尊ぶべし、しかれども高大なる戦士は、勝利を目的として斗わず。空を撃ち、虚を狙い……」

樋口一葉が、北村透谷の論文を暗唱する場面。今でも外郎売と同じように、スラスラ暗唱出来るこの論文の改訂に、女優一日目は、NG連発、汗だくで無我夢中のうちに終わった。

翌日の私は、もう木曽にいた。

今日は「文子とはつ」のクランクインで、私は、顔に思い切り汚しをかけて、銀杏《いちょう》返しの鬘に絣《かすり》の着物、藁《わら》草履で、木曽の山を走り奔《まく》った。

パパの読みとは裏腹に、私は両作品共、楽しくて楽しくて仕方なかった。

「文子とはつ」を観たパパは驚いた。私が、あの元芸者のおばあちゃまにそっくりだったからだ。階段を昇る足の裏まで似ていてゾッとすると、パパは少し喜んでいた。

私は、撮影と並行して、死に物狂いで卒論も提出し、式には出席出来なかったが、大学を卒業した。

女優一年生

「文子とはつ」終了前から、ＴＢＳ「青春の門」の撮影が入り、続いてテレビ朝日「果て遠き丘」、日本テレビ「青春ド真中！」と、聖心女子大学を卒業した私は、連続ドラマ三本を掛け持ちした。

その間に、取材、グラビア撮影、ＣＭ撮影と、忙しさは倍速に増し、私の生活は、タクシーの中で、サンドイッチを呑み込むような毎日に激変する。まだ、コンビニもなかった。

私は、葛井さんの事務所に所属し、村井さんが、ドラマコーチとして演技の指導をして下さった。二人共、厳しい方だった。

七光りと騒がれた時点から、パパとの取材、パパの話はＮＧとなる。藤原審爾原作「霧子この愛」で主演した際、親子で出演したトーク番組でも、パパと目を合わせてはいけないと言われた。七光りを払拭するための事務所の作戦だったのだろう。

ママは、不規則な私の生活に、

「夕飯いらないなら、電話ぐらいしなさい！」

と怒った。だが、ペイペイの私は、突然決まったお食事会を断れる術もなく、公衆電話に走ることも儘ならなかった。女優一年生の私は、あちこちに采配《さいはい》が行き届かず、あちこちにご迷惑をおかけした。

ママは段々痺《しび》れを切らして、夜は、家の裏手にある「熊の子」という、文壇バーというか、偉い方が集まる会員制のお店に遊びに行くようになった。

店主は、ママより少し年下で、旦那さんが、お腹の大きくなった女性を連れてきて、北海道からひとり上京したという身の上だ。ママは、不憫《ふびん》な自分と重ね合わせ、

「一番気が合うのよね〜」

と言っていた。思いがけず早く帰宅して、ママがいないと、「熊の子」に電話した。ママは急いで帰って、チャチャッとご飯を作ってくれた。

お姉ちゃまは、結婚して三人の子供の母親となり、働き者で幸せそうだった。私はよく泊まりがけで遊びに行った。

お兄ちゃまも結婚し、女の子が生まれた。

私のデビューも拍車をかけたのだろうか。このてんでバラバラの家族が一堂に会することは、生涯なかった。

大抜擢

一九七八年七月二十三日（日）

日曜の夜の渋谷は賑やかだった。

渋谷ジァンジァンで観劇後、狭い階段を地下から地上に上がると、喧騒の中に、葛井さんが立っていた。すぐにタクシーに乗せられ、今村昌平監督の事務所に連れて行かれた。

浦山桐郎監督のテレビ「飢餓海峡」のロケ先青森で、主演の多岐川裕美さんが、ヌードを拒否して降板、その代役オーディションだった。

今村監督の前で、指定された二ヶ所くらいの台詞を読んだ。

「明日、青森に行かれますか?」

いきなり監督に聞かれた。

「今、伺ったばかりで、少し考えさせて下さい」

私も根性無かった。タイムリミットは、夜中の十二時。約一時間半の間に、葛井さんと三軒くらい喫茶店をハシゴする。

私は、水上勉ファンで、『飢餓海峡』は読んでいたし、太地喜和子さんの伝説の舞台も観ていた。だが、私はまだ二十三歳で、精神的にも子供だった。娼婦の役が演じられる演技力も、経験もない。その上、ヌードだ。私の頭は爆発寸前だった。しかし、私が女優を目指したのは、ドラマティックな人生を演じたかったからではないのか?このままお嬢様役だけで終わっていいのか?

十二時寸前に、私達は、まだネオンが明るい表に出た。先を歩く葛井さんに追いついて、

「やります!」

私は決断した。野心が勝った。

その後、五冊くらいの台本と、方言テープを渡され、寝ないで勉強した。ママは、

早くパパに電話しろと、オロオロしていた。翌日、パパに電話すると、

「今村がやってくれたんだよ」

と、パパの『赤い殺意』を映画化した今村昌平監督が、パパの娘だから配役してくれたのだと、七光りを強調した。

上野駅のホームに、見送りに来て下さった今村監督は、後のパーティーで、

「女優さんを見送りにホームに行ったのは、あれが最初で最後です」

とスピーチなさった。

夜行列車のベッドの上で、私は、何冊もの台本と、方言テープを聞きながら格闘していた。隣の人に聞こえないよう、小さな声で睡魔と戦いながら格闘した。まるで不二聖心の寄宿舎のようだった。


遠くから、ロケ隊の船が近づいて来る。

私は大湊《おおみなと》の埠頭に立っていた。

激しい追い風と、うみねこの騒ぎに、か細い体が海に落とされないよう、懸命に踏んばっていた。

三十人くらいの、約六十個の目が私を注視して来る。船が到着し、私は、浦山桐郎監督、若山富三郎さん、山崎努さん、他スタッフ、キャストの皆さんにご挨拶し、衣裳合わせ、鬘合わせをし、また、徹夜で台本と方言テープと取り組み、翌朝、扮装してバスに乗り込んだ。

監督の隣に座った私は、現場に到着するまでの僅かな間に、あろう事か、監督の肩に凭《もた》れかかって爆睡してしまった。

「こいつは大物になる」

怖い監督が、笑って仰ったそうだ。失礼致しました。

二日目、仏ヶ浦《ほとけがうら》で、父親役の浜村純さんと温泉に入るシーンのリハーサルが行われた。

私は、自前のビキニの水着を着ていた。何回かテストを繰り返した後、監督が、

「上を脱いで下さい」

と仰った。とうとう恐怖の瞬間がやってきた。

「エイッ！」

と脱いだ。七光りと言わせないゾと、親に初めて反発したような瞬間だった。

このロケ中に、ママは、大きな円形脱毛症になり、山崎努さんとの濡れ場の放映後は、布団を頭から被って丸まっていた。

パパは、

「浦山の玩具《おもちゃ》にされている」

と、監督批判を繰り返していた。

そうして私は、一九七八年度のゴールデンアロー放送新人賞、最優秀新人賞、エランドール新人賞、テレビ大賞新人賞を受賞した。

成人式の際、

「振り袖なんて、成人式に大事な百番目くらいのものだ」

と自論をブチ撒けて買ってくれなかったパパに、私は高価な振り袖を無理矢理買わせた。

あゝその振り袖は、この時以来、家の箪笥《たんす》に眠ったままである。

舞台の洗礼

一九七九年六月五日（火）

国立小劇場での私の第一声。
「三千圓！」

三島由紀夫近代能楽集「道成寺《どうじょうじ》」の清子役。私の初舞台だ。

「飢餓海峡」をご覧になった演出家芥川比呂志先生のご指名で実現した。

先生の体のお具合により、稽古は、一日約二時間だったが、その濃縮された時間は、最後には視点も合わない程、ヨレヨレになった。

集中のトレーニングや、聞いてから喋る、思ってから喋る、感じてから喋るという、演技の基本も教わった。芥川先生は、私に惜しみなく、演技のイロハから、時には車椅子から立ち上がって指導して下さった。

舞台稽古では、立っていられない程、足がブルブル震えた。この時から、私は舞台の怖さを思い知る。

二ヶ月後には、帝国劇場で、蜷川幸雄演出の「ロミオとジュリエット」でジュリエットを演じた。

稽古中より、事務所から所帯臭くならないようにと、葛井さんの家の近くのホテルに宿泊した。

しかし、稽古前にも、稽古後にも、仕事か、村井先生のレッスンがビッチリ入っていて、私は稽古中盤になっても、まだ台本が離せなかった。身体だけでなく、精神的にも追い詰められて、何度、トラックに飛び込もうと思ったか判らない。舞台稽古の際には、声が全く出なくなってしまった。精神的なものと診断されたが、精神で、声が出なくなるなんて事がこの世にあるのか。本番中にも、ロミオとの抱き合いで、肋骨にヒビが入ったり、この時も舞台の怖さを思い知る。

ママは、帝劇の売り場でチケットを買って、何度か観てくれたようだった。

翌年、パルコ劇場での三島由紀夫「熱帯樹」の際には、事務所から、家を出ることを提案され、葛井さんの家のすぐ横のマンションに、初めてひとりで住んだ。

私は、掃除や洗濯、片付け物等、ろくに出来ないばかりか、料理は何一つ作れなかった。

目玉焼きを作っていて、フタを開けたら、目玉焼きが消えていて、ギョッとした。暫く考えて右手のフタを見ると、裏側に貼りついていた目玉焼きが、ポトンと床に落ちた。

冗談ではなく、私には厳しすぎる生活で、舞台中に四十度以上の熱が出続け、身体がゆらゆら揺れた。

舞台が終わって少しして、マンションの部屋はそのままに家に帰った。舞台で小鳥に話しかける為に飼っていた「小鳥さん」というセキセイインコを連れて家に帰ると、ママも余程淋しかったのだろうか。拾った器量の悪い野良猫を飼っていた。ママは肩に小鳥さんを乗せて、台所に立ったりしていたが、可哀想に、野良猫「こちび」にやられてしまった。

以来私は、一度も家から離れることなく、ママと一緒に暮らした。どんな豪邸より、ママと暮らすこの家の生活が、何より私の宝だった。

救世主　ユーミン

鬱《うつ》病になりかけていた私に、救世主が現れた。

ユーミンだ。

私のファーストレコード「シ・ナ・リ・オ」に曲を提供して頂いたご縁で、「週刊明星」での対談が実現した。

聖心女子大学でのユーミン人気は、絶大だった。私たちのアイドルはユーミンだった。いや、神様だった。私は、勿論全アルバム持っていたし、大ファンだった。

「新しい誰かのために　わたしなど思い出さないで～♪」

とか、

「土手と空のあいだを風が渡った～♪」

なんて、凡人が思いつく言葉ではない。

気さくなユーミンとの対談は、女子高ノリで盛り上がり、ユーミンに誘われて、そのまま青山方面へ繰り出した。

事務所は、仕事から帰宅後、必ず葛井宅に電話を入れる決まりがあり、芸能人とのお付き合いは、一切NGだった。しかし、ユーミンだけは別格で、交際が許された。


「ピンポーン♪」

ドームのような松任谷邸の玄関を開けてくれたのは、ユーミンだった。

ユーミンはスッピンで、お風呂上がりで、黒いバスローブを着ていた。その着古された風合いが、一層格好良くみえた。シャイなご主人、松任谷正隆さんにも、緊張しながらご挨拶した。

ユーミンは、お料理も上手くて、万能で、ずば抜けたセンスやアイデアを持っていた。私は真似し捲《まく》ったが、何もかもユーミンに及ばなかった。真似して買った黒いバスローブは、今も着ている。もうボロッボロだ。

暮れからお正月にかけて、松任谷邸に泊まったり、映画館をハシゴしたり、ショッピングしたり、飯倉「キャンティ」や六本木「まっくろう」や、あちこちハシゴしたりした。

二人で着物を着て、食事に行った事もある。

ユーミンは、八王子の荒井呉服店の娘さんで、多摩美術大学の卒業作品に、鮮やかな着物を創作した程、着物好きだ。私は丁度、石川啄木の妻役の為に大島紬を着て、NHKのリハーサルに行った帰りだった。

その日、マンちゃん（正隆さん）は、朝までスタジオ録音だった。少し遅い時間から「ドマーニ」で食事を始めたら、あっという間に十二時を回っていた。ユーミンが、誰もいない筈の松任谷邸に電話を入れると、マンちゃんが出た。私たちは、速攻松任谷邸にタクシーを飛ばした。着物姿で、私はユーミンの「ベルベット・イースター」を弾き語りしたりしたが、大酔っ払いの私たちを、お酒の飲めないマンちゃんが、果たして許せただろうか。

何回かの出禁を繰り返しながらも、私はユーミンに毎日のように電話していた。仕事が辛くて、辞めたくて、私は泣いてばかりいたのだ。ユーミンは強く、時には厳しく私を叱った。

仕事帰りに、ユーミンが家に立ち寄る事もあったし、ママと私は、逗子マリーナのコンサートに行ったり、荒井呉服店帰りの八王子で、ユーミンと共にお母様にご馳走になったり、そう言えばママは、近所のおばさんと二人で武道館に行った事もある。

ユーミンとお揃いのセーターも編んでくれた。

ママもユーミンが大好きだった。

楽あれば苦あり

一九八二年十二月二十九日（水）

ママと私は、太平洋の空の上にいた。

大韓航空のエコノミーは、狭くて煙草も吸えなくて、ママも、隣の席のおかまちゃんも、煙草を吸っては、スチュワーデスに毎回注意されていた。

私は、CM撮影で訪れたハワイに、どうしてもママを連れて行きたくて、安いツアーを探し、ママと初海外旅行をした。

ホノルルのホテルの部屋は、ベランダから落ちる程身を乗り出さないと、海が見えなかった。

二人旅は、不二聖心の筆記試験の際に、三島の旅館に泊まった以来だ。私は、ママの久しぶりの鼾《いびき》にビックリした。

昼間はビーチで思い切り遊んで、ママはお土産ばかり買いあさっていた。年越しの花火も見に行ったし、私のレコードのアレンジャー、瀬尾一三さんが迎えに来て、美味しいディナーも頂いた。それはそれは楽しい初海外旅行となった。

その年の夏、ママに子宮がんが見つかる。

近所の和田先生が、慶應病院を紹介して下さったが、あと四ヶ月程の命と思ったそうだ。

手術は、慶應病院の有名な教授が執刀して下さった。私は、

「先生！　私は母がいないと生きていけないんです！　どんなに切ってもいいですから、どうか母を助けて下さい！」

と教授に懇願した。当時、がんは、助からない病気だった。手術後、教授からは、

「がんは後期で、既にリンパに飛んでいて、いつ、どこに再発するか判らない」

と、引導を渡された。私は病院に泊まり込み、大船の松竹撮影所に通った。ママを

助ける為には、何でも出来た。入院費もパパに頼らず、個室の全額を負担した。

パパがお見舞いに来た。

ママは、浴衣に新しい伊達締めをしていた。ただそれだけの事だが、なんだか胸が締め付けられた。

その間、私はピアノの松井先生に連絡を取っていた。家に長い間通って下さったピアノの先生は、超能力の先生になっていたのだ。

ママの退院後、先生は連日、ママのお腹にその手をかざした。私は信じていた。ユリ・ゲラーの超能力も信じていた。

しかし、ママは具合が悪くなり、再入院。それは、超能力の効果を高める為、薬を全てストップしたせいだ。私が間違っていた。

緊急だったので個室は取れず、二人部屋だった。今はもうない暗い婦人科病棟だ。ただ、個室でなかったお陰で、ママは、同じ病気で苦しむ患者さん達と仲良くなれた。特に、個室に入っていた宮島さんは、慶應教授の義妹だそうで、とても親身になって下さった。

その後、なんとか持ち直し、翌年、ママの希望で、「天国に一番近い島」ニューカレドニアに行った。これもパック旅行で、私達と、ＣＭクルー以外は、全員新婚さんだった。

二人共、保険もかけず、恐ろしく低空の小型飛行機に乗り、イルデパン島や、ココビーチに行き、ヤモリが這うコテージにも泊まった。すっかり日焼けして帰国すると、お姉ちゃまから電話が入った。

パパが入院していた。

パパとの別れ

一九八四年十月四日（木）

東京医科歯科大学病院に飛んで行くと、パパは妊婦のようなお腹を抱えて、ベッドに横たわっていた。

先生の説明によると、パパの病名は、肝細胞がん。肝臓の八十パーセントはがんに侵され、残りは肝硬変。つまり肝臓に正常な部分は皆無。

「春まで持てば……」

と、言われた。

私は、告知を希望したが、余計悪化する可能性もあると否定された。

ママの次はパパか……

私は、がんという恐ろしい病気を呪った。

デビューしてから絶縁状態になっていたパパとの時間も呪った。

なんとか仕事を休んでパパの側にいたい、と思っていた矢先に、事務所にトラブルが起き、辞めざるを得ない状況に追い込まれた。それから私は、一時休業し、パパの病院に日参した。ママが毎日、二人前のお弁当を作って持たせてくれた。

「ドン！」

病室のドアを開けようとしたら、小柄なおばさんがぶつかってきて、私は跳ね飛ばされた。そのおばさんは私に一瞥《いちべつ》もくれず、猛スピードでまっすぐパパのベッドに向かった。

「せんせい、せんせいが死んだら、うちの娘はどうなるんや！　前にせんせいは、こう言ったやないか！　云々かんぬん！」

パパを問い詰めるその不躾《ぶしつけ》な物言いに、私は堪らず部屋を飛び出した。パパには病気を告知しない約束を家族で交わしたのに、何てことだ。私は涙が溢れ出て、何故か判らないが、屋上の洗濯干し場のベンチで長いこと泣いていた。ママには言えない。そうだ、お姉ちゃまに電話しよう！　と思ったが、財布はパパの病室だ。私は、床に落ちてるお金を拾おうと、屋上から階段を一段一段、目を皿のようにして降り、病院の門の外まで探したが、お金は一円も落ちていなかった。引き返そうとした時、件《くだん》のおばさんが正面から私に向かって歩いてきた。

「あんたも大変やね。家じゃあ、あんたを孫だって言っとるぜよ」

勘弁して下さい。私のママはひとりです。

十一月二十六日（月）

生まれて初めてパパの隣で寝た。

パパは、独断で一旦退院した後、三井記念病院に転院していた。

十五階の仄暗《ほのぐら》い病室の窓の外では、風がぴうぴうと隣のビルとの間を旋回していた。

「おい」

パパの手が伸びてきた。掌が赤くて、分厚くてあったかいパパの手を、私は思い切り握り返した。やっぱりパパが大好きだった。

「おまえが大好きだ」

パパも私を抱き締めて泣いていた。

この時間が永遠に、いや一秒でも長く続くよう、私は神に祈った。

日が経つにつれ、パパの低い唸《うな》り声が、深夜の病室を震動させた。

パパとの少ない想い出が、頭の中を駆け巡る。

人気歌手が歌う「月世界」で、アイスクリームの天プラを食べた時のこと。

フランス料理や、しゃぶしゃぶを初めて食べた時のこと。

伊勢丹の玩具売り場で、一番大きい人形を買って貰った時のこと。

ジャニーズの舞台を、前から四番目の席で観に行った時のこと。

紀伊國屋書店で、パパが山のように本をレジに積んでいた時のこと。

二千円のタクシー代に、一万円を出してお釣りをあげた時のこと。

旅行が毎回中止になった時のこと。

私が初めてご馳走した、「インディ・ジョーンズ」を観た後の「まっくろう」。

数える程しかない想い出を、何度も何度も繰り返し想い出した。パパは最期に私にこう言った。

「君が輝いていたら、きっとまた巡り会えるだろう」


葬儀の打ち合わせの為、姉、兄、私が、来客用の応接室に入った。

パパの葬儀に関しては、友人の夏堀正元先生、色川武大先生、高橋治先生等が相談して下さっていたが、意見が分かれていた。

私は、姉と兄から、葬式はしないというパパの意向を汲《く》み、家に帰りたいと言っていたパパの思いも汲み、天沼の仕事場で葬儀すると聞かされた。喪主は、ママではなく、ママは葬儀に参列しないようにとも言われた。

「ふざけんな!」

私は、目の前のテーブルを蹴倒《けたお》した。

「何すんのよ！」

お姉ちゃまが怒った。

「だったら私も出ない。骨もいらない。その代わり、何故私が出れないのか記者会見する」

私は部屋を出た。

その後、ママを病室に呼んだ。

パパはもう、ママのことも判らなくなっていた。

「あなた……あなた……」

ママは、パパを擦り続け泣いていた。夫婦が寄り添う姿を見たのも、最初で最後だった。

十二月二十日（木）

パパが亡くなった。

春までと言われたのに、年も越せなかった。

ママが堰《せき》を切ったように泣き出した。

「出てって下さい！」

傍らで縋《すが》る女性に叫んだ。

「あなたこそ出てって下さい！」

修羅場だった。

その後私達は、主治医の先生の説明を受け、最後に先生は、パパの死亡診断書を迷う事なく、

「はい」

とママに手渡した。世界がママに味方した。

風が変わった。

久しぶりに家に帰ると、塀には鯨幕が張られ、忌中の張り紙があり、割烹着を着たご近所の方々が、立ち働いて下さっていた。お寿司やお料理も精一杯並んでいた。

しかし、葬儀は、パパが住んでいた天沼の仕事場で行うことを、先生方から説得された。

通夜の前、集まった報道陣に、私はパパの最期の様子を話した。パパの死を実感した。

ママは、玄関横の狭い茶室に通され、声を上げて泣いていた。

通夜の後、阿佐ヶ谷の家の炬燵に、兄の家族の他、ユーミンや、レコードプロデューサーが集まり、ママが即席に作った豚とほうれん草の鍋で、改めて献杯した。

心も凍る程寒かった通夜と、ママのあったかい鍋を、私達は一生忘れない。

パパが帰ってきた

一九八四年十二月二十二日（土）
パパが帰ってきた。
まるでその為に設計したような、応接間の二畳程ある飾り棚は、そのままパパの祭壇となった。
病気のデパートと言われ、肺結核、胆嚢《たんのう》の切除、腎臓病、糖尿病、肝硬変、肝臓がん……ありとあらゆる病気と戦ってきたパパは、意識がなくなる寸前まで、宮本武蔵や、私との共作本の構想を話していた。年寄りに見えたが、まだ六十三歳だった。

この日からママは、パパと家族を守るため、敏腕マネージャーのように奔走した。香典返しから始まり、墓石、仏壇選び、今もまだ課題を残す相続問題等、パパの友人の先生方、弁護士、それぞれ専門家のご指示を仰ぎながら、自分のがんはすっかり忘れたかのように飛び廻っていた。

ママは、両親や兄弟が眠る、四ツ谷の笹寺にパパの墓を建立した。パパの居心地は微妙だが、後世、誰かが墓参りしてくれる可能性も含めた、ママなりの心積もりがあったと思う。また、岡山の土になりたいと言っていたパパの遺志も尊重し、岡山の先祖の墓にも分骨、冨士霊園の「文學者之墓」にも分骨、秋田の熊鷹文学碑にも分骨した。それぞれ埋葬の際には、パパの友人、お弟子さん、私達家族で、大名旅行をした。

盛大な一周忌法要を開いたママは、

「まだまだやり残した仕事が一杯あったでしょうに、無念でなりません」

と震えながら、大粒の涙をこぼした。

ママの愛は永く、深かった。

私の事務所探しは、パパの生前最後の仕事となってしまった。

パパが毎月開いていた勉強会〝二十七日会〟の松竹のプロデューサーからのご紹介で、私は、その頃映画賞を総ナメにしていた、緒形拳さんが所属する事務所に入れて頂くことに決まる。

パパの亡くなった後、最初の仕事は、五社英雄監督の映画「薄化粧」だった。

その作品で、翌年私は、日本アカデミー賞、ブルーリボン賞、毎日映画コンクールの助演女優賞を頂いた。全ての授賞式に、ママも私と共に着物で出席した。

喜びを二人で噛み締めた。

ハワイ大好き

一九八七年五月十五日（金）
ママもすっかり元気になり、私達は、二度目のハワイ旅行に出かけた。

前回の反省も踏まえ、どうせ行くならと、まず初日は、ホノルルからマウイ島へ飛んだ。

空港にリムジンが迎えに来て、私達は大金持ちかのように、ハイアットリージェンシーホテルに入った。上層階のVIPルームには、シャンパンが冷えていて、夕方になると、エレベーター前の回廊が、カクテルラウンジへと変貌を遂げていた。シャンパンが開けられなくて、ラウンジまで持っていく途中に、

「パン！」

と、乾いたピストルのような音で、栓が飛び、あちこちの客室から、人が飛び出して来た。

「ソーリー、ソーリー」

私達が大金持ちではないという、化けの皮が、早くも剥がれてしまった。

次は、ハワイ島のマウナケアビーチホテルに行った。

日本人は、新婚の二人を見かけただけで、殆どが、アメリカから来たお金持ちの家族ばかりだった。

エレベーターの「B」を押すと、プライベートビーチに降り、ビーチボーイが、真

白い砂浜の好きな場所に、パラソルを刺してくれ、ボンボンベッドも二つ持って来てくれた。

ママと私は寝そべりながら、コバルトブルーの海の先の、水平線のそのまた先を、いつまでも眺めた。

部屋のベランダからは、エイが泳ぐのが見えた。暗くなると発光したように光るエイは、ママのお気に入りで、煙草を吸いながら、寝るのを惜しんでまで見つめていた。ホノルルは、ハレクラニのオーシャン・フロント&ダイヤモンドヘッド・オーシャン・フロントの二部屋続きのスイートルームに通された。実は、マウイと同様、アップグレードされた部屋である。

有名なカトレアのプールに入り、夕食は、海辺の「ミッシェルズ」で、夕暮れ時のディナーを堪能した。朝食は、ダイヤモンド・ヘッド側の広いベランダで食べた。小鳥がチュンチュン飛んで来て、ママは嬉しそうに、パンをちぎってあげていた。

幸せ過ぎると、次の不幸を連想する癖がついてしまった。しかしそれは当たっていた。

翌年、今度はママに、乳がんが発見される。

パパの祟りか!?

ママの乳がんは、子宮がん以来通っていた慶應病院の検査で見つかった。

一刻も早く手術を受けたかったたが、慶應病院の病室は、六〇〇人待ちと言われ、私達は、藁《わら》にも縋る思いで、以前あの暗い婦人科病棟で親しくなった、宮島さんにお電話する。宮島さんのお姉様は、慶應病院、斎藤和久名誉教授の奥様だった。

お陰でママは、約一週間後に入院する事が出来た。私は執刀する榎本教授に、

「先生！　私は母がいないと生きていけないんです！　どんなに切ってもいいですから、どうか母を助けて下さい！」

と懇願した。

ママの乳がんは、子宮がんからの転移ではなく、浸潤性乳がんと言われ、左乳房全摘と、左の脇の下まで、えぐるように切り取られた。

しかしママは前向きだった。

翌日から、ひとりで必死に起き上がり、点滴を持ちトイレに立った。退院してからも、左手が上がらず不自由だったろうに、乳がん用下着の購入も含め、積極的に病気と向き合った。

その後、胆石が見つかり、ヘルニアと同時に手術。

また、ガングリオンという、これはがんではなく腫瘤《しゅりゅう》だったが、右腕が動かなくなり、手術した。

パパが亡くなった後、雨漏りの修理や、二階の増築を、この家を建てた大工さんと相談していたが、かかる費用が大きかった為、ならいっその事、建て直そうと、ユーミンの家の建築家に相談して、模型まで出来上がり、着工の日を選んで、玄関の表に釘を打った。

直後に、ママの右腕が動かなくなった。ガングリオンだ。

思い起こせば、設計の段階から、乳がん、胆石、ヘルニアと手術を重ねている。

「もう、やめて~!!」

ママは、この家を設計したパパの祟《たた》りだと言わんばかりに、家の建て替えに反対した。

一九九六年正月

ママが痛い、痛いと大騒ぎする。

それは膝だ。

そこまで痛いかという程、のたうち回るママを、正月明けに慶應病院へ連れて行く。

幸い大病ではなく、年相応の、それと太っているせいで、体の重みが膝に来るという安心出来る説明を頂いたが、ママのその痛がりようは半端でなかった。

母親を亡くしたばかりの、六本木「まっくろう」の女店主喜美子さんが、

「マリちゃん、リフォーム、リフォーム、ママベッドにして!!」

と、盛んに私に焚《た》き付ける。そしてそれに応えるかのように、春からリフォームを開始した。

まず、お風呂場を外から壊し、作り直し、そして、各部屋ごとの修復。京壁を落として再生、床材の張り替え等に加え、屋根と外壁の修復、塗装……ママの部屋をベッドにする計画が、思いの外、大掛かりなリフォームへと発展し、台所も使えず、トイ

レ、お風呂の為に、近所のホテルを借り……と想像以上に我々の負担は大きくなり、つまらない畳のヘリの色如《ごと》きで、ママと大喧嘩になった。
ともあれ、二十年前にパパの設計で建てた家は、気持ちよく甦《よみがえ》った。
これならパパも文句はあるまい。
と思ったのも束の間、ママが再び乳がんに。

ママ、再び乳がんに

一九九六年八月七日(水)
慶應病院の外来で、榎本教授による、ママのがん検査が行われた。
この検査は、教授が、レントゲンとエコーの結果で、怪しいと思った部分の組織を取り、病理検査する。顕微鏡を覗くのは、女性宇宙飛行士、向井千秋さんのご主人だ。
待合室には、私の他に、悲痛な面持ちの家族が、何組か腰掛けていて、息苦しい程、重く暗い空気が立ち込めていた。

ママが検査室を出て程なく、榎本教授が、手術着のまま、そのドアを開けた。

「藤原さん、怪しいと思った部分は大丈夫でした」

ママと私は、ガッツしかかった。

「ただ、その横に、おや、と思うものがあったので、それを取り検査してみましたら、がんでした」

私達は凍りついた。

待合室の患者と家族も全員凍りついた。泣き出す人もいた。

私達は、信濃町駅まで歩く元気もなく、正面玄関からタクシーに乗った。家に着くまで、交わす言葉が見つからなかった。

また振り出しに戻った。

今回も、転移ではなく、浸潤性の新しいがんだった。

私は、また教授に同じ言葉で懇願し、ママは、右乳房全摘手術を受け、また前向きに病気を乗り越えた。

退院後間もなく、大森のおばちゃまが、膵臓《すいぞう》がんで亡くなった。ママの長姉だ。八人兄弟、七番目のママの他、長男、次男、三男、四男が、がんに侵され、また三男の息子も、若くしてがんで亡くなっている。典型的ながん家系だ。

パパが、肝細胞がんで入院した際、東京医科歯科大学の遺伝学教授、外村晶先生より、

「マリちゃんは、両親がんで、子供は親より二十歳位早くがんになる確率が高いので、とにかく検査しなさい」

と言われ、子宮がん、乳がんは年二回の割合で検査し、その他の定期検診も半年に一回位受けている。

ママも、しっかり検査を受けてはいたが、防ぎようがなかった。

苦あれば楽あり

ママの大病の快気祝には、二人でハワイに行くのが恒例となった。

ただ、最初の乳がんの後は、私が以前訪れて絶景に感動した、福岡の海の中道ホテルのスイートルームに宿泊した。

この頃福岡には、ロケ、友達の結婚式、店のオープン、としばしば通い、マイブームになっていた。驚く程美味しい料理も満載だった。

一九八九年八月三十日（水）

三日遅れで、ママの六十五歳の誕生日を、博多マハラジャで、友達と共に祝った。

「フジマリコさんのお母さん、ハッピーバースデー♪♪♪♪」

フロアーから見上げて拍手する若者達に、ママはドンペリ ピンクを片手に、VIPルームから、女王様のように手を振った。

今思い出すと、バブリーで恥ずかしいが、何だって、ママとは楽しい体験を分かち合いたかった。


その後、ハワイには、快気祝で二回行く。

仲良くなった、料理研究家 井上絵美さんのホノルルのマンションをお借りし、御母堂、月丘夢路さんが、生まれて初めて作ったカレーもご馳走になった。

ママは、私の地方公演は、必ず観に来てくれた。
「アマデウス」では大阪へ。
「恋ぶみ屋一葉」では名古屋へ。
「濹東綺譚《ぼくとうきだん》」でも、名古屋と博多へ。
「テンペスト」は、神戸、川越、ロンドンと、計八回観たと蜷川先生に話していた。

二〇〇四年六月一日（火）
私達はバンコクに行った。
ママの亡き長姉、大森の伯母の長男ルイは、香港を拠点に出世していて、私達をバンコクの別荘に招待してくれた。
日本人が多く住む、スクンビットの真ん中辺にある高層マンションは、張り出したベランダに、プールがある。客用の部屋も二つあり、それぞれにバスルームとトイレがついている。二十四時間、一階の受付には人がいて、セキュリティもしっかりしていた。ルイは、家族が滞在しない期間も含めて、常時、運転手とメイドを雇っている為、植木が枯れる心配もなかった。

人の家に泊まるのを嫌がっていたママも、殆ど歩かず、車での移動だの、一般人の入れない王宮内の見学、王様の秘書、バンコクの実業家との会食等、日本ではあり得ない、そして海外でもあり得なかった、甥っ子の大接待に、御満悦だった。

これが、最後の二人旅となる。

ヒコ誕生

二〇〇〇年六月吉日

「ヒコが生まれたよ〜」

お姉ちゃまから、ママに電話が来た。

ヒコとは、曽孫、ひまご、ひいまご、ひこまご、と呼び方は様々だが、つまり、ママの孫の子供である。

お姉ちゃまの長女淳子が、結婚して男の子を出産した。

ママの喜びようは半端なく、あちこちふれ回り、即刻、近所で御祝のベビー服を購入し、送った。ブカブカのその服を着た、ヒコの写真が送られて来るや否や、すぐさま写真立てに飾り、

「可愛い‼　可愛い‼」

を、連発していた。

八月十八日（金）

真夏の午後、待ちに待ったヒコがやってきた。

ママの喜びようは、MAXに達していた。こんなに赤ん坊を可愛がるママを、未だかつて見た事がない。私もつられて、可愛がった。本当に可愛かった。

このヒコの誕生をきっかけに、お姉ちゃま一家は、何かと家に遊びに来たり、ママの誕生日会や、パパの墓参りと、私も何かとイベントを開催するようになる。

ヒコは、保育園の入園式用に、ママに買って貰った、コムサデモードのスーツを着て、私の菊田一夫演劇賞の授賞パーティーにも出席した。可愛いヒコちゃんは、森光子さんと並んでも、緊張で顔を歪めていた。

ママは、自分の誕生日であろうと、何であろうと、ヒコの喜ぶおもちゃを買い捲った。

無償の愛とはこういうものか……

改めて、ママの懐の深さに、頭《こうべ》を垂れた。

ヒコは、

「ゆうた」

ママは、

「あさがや　ばあば」

と呼ばれた。

カズちゃん

ママ「大学はどこを出てるの？」
マリ「……大学は出てないと思う……」
ママ「じゃあ中退？」
マリ「……大学は行ってないと思う……」
ママ「いい人か～もしれないけどね。あんたがいいなら、いいけど。だったら、二人で、どっか遠くへ行って頂戴」

一九九九年七月七日（水）
カズちゃんが、
「結婚しよう」
と言った。私は、

「うん」

と答えた。その日は七夕だった。

カズちゃんとは、先月の舞台で共演後、初めて買ったパソコンの立ち上げの為、家に来て貰い、その後、近所でお礼の食事をした。

彼は、老舗劇団に所属する、バリバリの新劇俳優だ。商業演劇や外部の舞台の出演も多く、それで出逢った。

共演中には、全く抱かなかった想いが、一回、二回と会う度に膨らみ、三回目にプロポーズされた。

彼は、面白おかしく話をするのが得意で、ビッグマウスも憎めない、真面目な俳優である。家業がタイル屋さんで、その職人気質も受け継いでいる。実直で幸せな家庭に育った、私とは全く違う人生を歩んできた男性だ。

彼のアパートは、豊島区千川にあった。狭いアパートだったが、私は、生まれて初めて男性とスーパーで買い物をし、食事を作って、乾杯する幸せに出逢った。出来れば一緒に暮らしたかったが、何より、大病を繰り返したママが心配だった。

阿佐ヶ谷の家の前のアパートに、空室の貼り紙を見つけ、そこなら、二人で住んでも、家と行き来出来るし、安心と思い、思い切って、ママに打ち明けた。結果は、遠くへ行けと突き放され、私は断念した。そして、毎回、ママには嘘をついて、カズちゃんのアパートに通った。六年も通い続けた。

腰椎骨折

二〇〇五年五月七日（土）

カズちゃんのアパートから家に帰ると、ママが神妙な顔つきで、炬燵にうずくまっていた。

昨夜遅く、裏の「熊の子」で飲んで帰宅したママは、雨の降る中、ゴミを出そうと、両手にゴミを持ち、裏口から表に出た。左手の駐車場の前から裏口までは、段差をなくす為、鉄板のスロープが敷き詰められている。ママは多分、その濡れたスロープの上で、滑った。起き上がろうとして、更にもう一度滑ったという。腰を強打した。

ゴミ出しの事故は多いそうだ。何故なら、ゴミを背負ったりする人はいないからだ。なるべく一回で済まそうと、持てるだけ持つのがゴミ出しの慣習のようで……。

週明けに、駅前の整形外科へ、ママを連れて行った。

レントゲンの結果、腰椎の圧迫骨折で、全治二ヶ月。胸の下からお尻まで、ギプスで固定するという。私達は、

「ちょっと考えます」

と、病院を出、慶應病院の斎藤和久名誉教授のお宅にお電話した。奥様が出られたので、

「おばちゃま、助けてー!! ママが転んで、骨折して、お腹にギプスを巻くって!!」

「あらー!! ちょ、ちょっと待ってね、今、かけ直すから」

ママと私は、病院横で電話を待った。

「すぐ来て下さいって!!」

マリア様のようなおばちゃまの声に、励まされるかのように、私達は、タクシーで慶應病院に飛んで行った。

再度、レントゲン検査をしたが、やはり圧迫骨折に間違いはなく、ただ教授は、

「病室は空いていませんし、コルセットを巻いて、家で、誰かがついていて、安静にしていて下さい」

と、骨を強くする薬等を処方して下さった。

「来月、私の舞台初日が四日なんですが、行けるでしょうか？」

「四日は……ちょっと辛いと思いますよ」

「二十八日が千秋楽なんですが」

「それ位になれば、大分楽になるでしょう」

ママと私は、ほっと胸を撫で下ろし、早速、ママと友人との、私の舞台初日総見を、千秋楽に変更し、休憩時間の食事処の予約変更も完了した。

二日後に、二人で観に行く予定だった、歌舞伎座は、ママは悔しがったが、来月の私の舞台まで、我慢して貰うことにし、カズちゃんと観に行った。玉三郎さんの「鷺《さぎ》娘《むすめ》」は、ママとお台場まで観に行った逸品だし、コクーン歌舞伎「東海道四谷怪談」初日に、一番最初にスタンディングしたママが、「野田版　研辰《とぎたつ》の討たれ」を観たら、どれだけ喜んだろうと思うと胸が痛んだ。しかし、小さな喜びで、大きな喜びを失うような失敗はしたくない。私は、心を鬼にして、これで良かったと思おうと、帰宅し

て、ママにパンフレットを見せ、
「そんなでもなかった」
と言って、ママを安心させた。
しかし、今思えば、無理矢理でも連れて行けばよかった。
私の舞台すら観れなかったのだから。
楽しみは、先に取っておくものではない。
まず、ここで、ママを入院させなかった事を悔いる。
確かに、教授はこう言ったのだ。
「誰かがついいて」
と。
家に、私以外の誰がいるというのだ。私は、舞台の真っ最中ではないか。

II 私がママになる

運命の翌日

二〇〇五年六月二十日（月）
頭の中で鐘が鳴る。
憂鬱な一日の始まりだ。
昨日は、何があったんだっけ……
寝呆け眼で記憶を辿る。
病院の待ち合い室の風景が浮かぶ。
斎藤夫人、紀子ちゃん、カズちゃん……
階下からの物音が一切聞こえない……
私は飛び起きた。
昨日、ママが脳梗塞で倒れたのだ。

階段を降りると、ママが倒れていた台所は、惨状と化していた。大震災の跡のようだった。

ママを運び出す為にずらしたテーブルの他、大慌てで仕度して、救急車に乗り込んだ爪痕が、生々しく残されていた。流し台には、ママが洗っていた途中に倒れた事を物語る、シチューの片手鍋とタワシが転がっている。一昨日、私の誕生日の為に、ママが痛みを堪《こら》えて作ってくれた、クリームシチューの残りだ。あの時、不味いと思った私は、なんて親の心子知らずだ。ブロッコリーも入っていた。買い物に、どうやって行ったのだろう……。

劇場入りは八時半で、七時半には、家を出発しなければならない。ママの入院グッズをボストンバッグに詰め込み、私は、昨日と同じように、明治座に向かって車を走らせた。運転する傍ら、イヤホンを使って、あちこち電話を入れる。伯父から、

「発見まで時間が経ってると、助からないんだってよ」

と、胸の刃を更に刺される。

「おじちゃま、責めないでよー」

「責めてねーよ」

これから舞台に上がる私への、キツい一撃だった。

楽屋入りした私は、昨夜報告した事務所のマネージャーに加え、付き人の映子さんと、床山山ちゃんにだけ、ママの病状を告げ、あとは口外しない約束を交わす。

部屋で着付け中に、病院にいる姉から電話が入る。手が離せない私は、映子さんに携帯を持って貰い、イヤホンで話しながら、着物の紐を結ぶ。会話は、衣裳さんにも丸聞こえだ。

「生命維持装置どうしますかって。あと○○と××も……」

姉の言ってる意味も判らない。とりあえず、終わったらすぐ駆けつけると、電話を切り、舞台袖に急ぐ。

喪服の準備や、喪主挨拶の言葉を漠然と考えながら、二回公演を終えた。何故か私のお客様はひとりもなかったので、速攻楽屋を出、慶應病院に向かう。

駐車場から、清洲橋通りに曲がった所で、緒形拳さんと、マネージャーのハッピーが歩いているのを発見した。私は、思わず窓を開け、

「緒形さーん!!」

と叫んだ。車を寄せ、緒形さんに、

「ママが、昨日、脳梗塞で倒れて！」

「えーっ!!」

新橋演舞場でも響き渡る程の、緒形さんの大きな声に、私は、ママの病気の深刻さを痛感する。

緒形さんは、先の事務所を辞め、それに続いて、大手の事務所に移籍した私のその後も、心配して下さっていた。勿論、ママのキャラもよくご存知だ。

「今から、慶應病院に行ってきます！」

「ん」

緒形さんは、言葉少なめだった。


集中治療室前の長椅子に、姉と宮島さんが待っていてくれた。特別な許可を得て、指定時間外のこの時間に、私だけ入室が許された。

ママは、酸素マスクをつけて、深く眠っていた。使い捨てマスクをした私も、

「ママ！　ママ！」

と呼びかけた。ママの眼がうっすらと開いた。私は自分のマスクを外した。

「ママ！　ママ！」

私に気づくと、ママは、私の手を強く握りしめて、

「チュウ！　チュウ！」

と言った。昨夜と同じ言葉だ。駐車場と解釈した私は、

「もう車に乗らなくていいの。もう病院だから、もう大丈夫」

小康状態を保った翌日、その次の日も、ママは、私が行くと、

「チュウ！　チュウ！」

を、繰り返した。

「駐車場？」

と聞くと、今度は、首を横に振る。なんなんだ、どっちなんだ。私は、チュウがつく、ありとあらゆる言葉をママに投げかける。

やっと読めた。ママの、

「チュウ！」

は、駐車場の「チュウ」ではなく、千秋楽、つまり、「センチュウラク」の「チュウ」だったのだ。

「そうだね、早く良くなって千秋楽観てね」

と言うと、ママは、

「うん」

と大きく頷き、ようやく安心したかのように瞳を閉じた。

親の死に目に会えない

明治座六月公演「五瓣の椿」の千秋楽は、二十八日だった。

ママは依然として、小康状態を保ってはいたものの、危険な状態でもあった。

集中治療室の面会時間には、姉か、宮島さんか、斎藤夫人か娘の紀子ちゃんか、誰かが必ずママに会いに行き、私に報告してくれた。事務手続きは、姉が窓口となって、私に連絡し、電話では言い難《にく》かったと、ヒコのゆうたを連れて、楽屋にも訪れた。

裾引きの派手な着物と、丸髷《まるまげ》、白塗りの私に、ゆうたは、まるで怖い物を見るかのように、遠巻きにしていた。

姉の用件は、先日の生命維持装置と、あといくつかの延命処置に関する事だった。

当然私が決断しなければならない事だが、まさかの事態に、知識が追いついていなかった。

六月二十五日（土）

一般病棟に転室される事になった。

私は個室を選んだ。救急病棟で一番安い、一日一三六五〇円の部屋だ。どれだけ生きれるか判らないし、ママに不自由な思いをさせたくなかった。ママは、相変わらず、

「チュウ！　チュウ！」

と私に訴えた。私は、

「大丈夫よ、観に行けるから！」

と、ママを励ました。

尿は、留置カテーテルという、膀胱《ぼうこう》に管を入れると、先が風船のように膨らみ、バルーンバッグに溜まるという方法で採取され、便はおむつ、鼻から胃までは、栄養を

入れる為の、食注と呼ぶチューブが入っていた。腕の細い血管に、点滴も入っていた。

神経内科の主治医の先生も決まり、私は、教授を含めた四人の先生に、舞台の休憩時間全てを費やして、手紙を書く。藤の花の封筒と便箋に、筆ペンで丁寧に、

「私は、これまで母と二人きりで生きて参りました。母がいないと生きてゆく事が出来ません。どうか、どうか最愛の母をお助け下さい！」

と書き、御礼も少し忍ばせた。


千秋楽のママの席には、姉が座った。

通常のカーテンコールの他に、今日は特別に、主要キャストの挨拶があった。

私は、放蕩なおっかさん役だが、実は、初舞台の娘、菊川怜ちゃんが大好きで、よく頑張ったと労《ねぎら》い、泣きじゃくる怜ちゃんの肩を抱いたら、私も涙がボロボロ溢れた。

明るくなった客席の、前から六列目に座る九人の団体の中には、何度探しても、ママの姿はなかった。

終演後、楽屋の荷物を全部車に積み込み、宮島さんと、中学校のＰＴＡ以来のママ友、脇坂さんを乗せて、慶應病院に向かった。お二人には、ママに、千秋楽が終わっ

たと言わないようにと釘を刺した。宮島さんが、

「マリちゃんのスピーチ、とーっても良かったのよー!!」

と、横たわるママに告げた。

ママは、理解した。

翌日から、ママは決して私に、

「チュウ!」

と、言わなくなった。

私達は、帰宅後、あの時、長いこと救急車が止まっていた高架下の寿司屋に行き、

「熊の子」に報告し、気づいたら、朝だった。

つけっぱなしの十六度のクーラーの中、私は、Gパンを脱ぎかけた姿勢で、ベッドに腰掛けたまま、意識を失っていた。

舞台は終わった。

穴を空けず、またママの病状も気づかれる事なく、やり遂げた。

「親の死に目に会えない」

と、覚悟して頑張った日々を乗り越えた。

また、新たな試練に向かって、ギアを入れた。

心原性脳塞栓症

ママが、茫然と壁の一点を見つめている。

私は、

「ママは、転んで頭をぶつけただけだから、大丈夫。少し時間かかっても、絶対良くなるから大丈夫」

と、ママに話す。同じ事を姉が言うと、ママは、

「ちがう！」

と、いうようなニュアンスで、

「何の病気だ」

と、いうようなニュアンスで、姉に訴えるらしい。

ママは、心原性脳塞栓症という、心臓から血の塊が脳に飛んだ、長嶋茂雄さんと同じ病気だ。ママも同じ心房細動だった。以前、リハビリ科の千野教授に、

「心臓の病気は怖いんですよ」

と言われたと言っていたが、この事だったのか、と今頃納得する。

昨年倒れた長嶋さんの映像が流れると、私は、喰い入るように観察した。長嶋さんは、初台リハビリテーション病院で、リハビリし、歩く姿も見た。主治医の先生には、ママも、長嶋さんのように、リハビリすれば、歩けるようになるのか、少しでも話せるようになるのか、今後を案じて、あれこれ質問攻めにする。ママは、右半身不随、右手、右足が、麻痺し、全く言葉が喋れなくなった。唯一話せた「チュウ」も、もう言わなくなった。

ひとりの先生が、

「ロシア人と話すと思えばいいんですよ。向こうもこっちも言葉が通じないと、一生懸命伝えようとする、理解しようとする。そうすれば、お母さんとも会話できるんじゃないでしょうか」

ママを治そう、治そうとするのではなく、今の病状を受け入れて、そして、ママと

共に生きていくという理論だ。優秀な先生は、言葉遣いも巧みだ。とても有難かったが、まだ私は、そこまで諦めていなかった。

便秘が酷く、便が出ないと言われ、私は、そういえば、ママがよく便秘の薬を飲んで、お腹を調整していた事を思い出し、家からその薬を探し、看護師さんに渡す。アローゼンという、慶應病院で処方された薬だ。それを点滴に混ぜたところ、便が出るようになる。

ところが、水のような便が、大量に出て、朝、私が病室に入ると、長椅子の上に、四十五ℓのゴミ袋に入った、便まみれのママの寝巻きとバスタオルが、何袋も置いてあった。私は、バケツの中に、近年知ったワイドハイターをたっぷり入れ、半日以上漬け込み、次々と洗濯した。それは毎日だった。

ママの細い血管は、もう限界を迎えていた。どこにも点滴の針が入らなくなり、中心静脈カテーテル挿入の承諾書に印を押した。太もものつけ根から、点滴を入れた。

鼻から入れた食注の管を、ママが苦しくて、夜中に左手で抜いてしまい、また、同意書に印を押し、ママは、私が帰る時に、医療用ミトンをされてしまう事になる。ベッドの柵に、その手を縛りつけるのは、お願いしてやめて貰った。その代わり、私は、午前中から午後九時過ぎまで、病室にいる。

私が帰る時、ママは、ミトンの手を上げて、

「バイバイ」

するようになった。毎夜、涙ぐんだ。

リハビリ科

七月二十二日（金）

リハビリ科に転室となる。

ママは相変わらず、尿、点滴、食注と管に繋がれ、ボーッと常にテレビを見ている。

観ているよりは、見つめている。一日中、高鼾で寝ていて、危篤だと思い、休みの主治医を呼び出した事もあった。

右半身不随はそのまま。よく見ると、顔の右半分も脱力している。鼻の左穴は、縦に尖っているが、右穴は、少し潰《つぶ》れている。言葉も喋れない。喚《わめ》く時に、

「もう！　もう！」

と、使い方は間違っているが、言葉を発する程度だ。

もはや治療は限界という事か。何も良くなっていないのに、リハビリ科に転室させられた。

私は、ママが信頼していた、慶應病院にリハビリ科を創った、千野名誉教授にお電話し、助けを求めた。

千野先生は、慶應病院での仕事の帰り、ママの病室に立ち寄り、ママの手を握って下さった。思いがけない名誉教授の面会に、ママは大きな声を上げて、その手を強く握り返した。

その後、千野先生は、ナースステーションで、ＣＴや、カルテのチェックをして下さったそうだ。

主治医の先生方も、背筋を正した感はあるが、ママの目覚ましい快復は、望めなかった。

ピタッと便が出なくなった。

先生に聞いても答えは出ない。その後、あらゆる方法で、便を出そうと試みる。ママも苦しみ抜いた。次第に、摘便《てきべん》という、先生や、看護師が、肛門に指を入れて、便を掻き出す方式に落ち着いてくる。だが、技術には、上手い下手があり、下手な看護師だと、寝巻、バスタオル、布団、側に置いたティッシュペーパーの箱まで便まみれにして、ヘッチャラで、四十五ℓのゴミ袋に汚物を詰め込み、部屋の長椅子の上に山積みにする。おニュウの高いネグリジェを便まみれにされた時には、泣きそうになった。軽い殺意まで覚えた。

ママの着替えや、シーツ交換は、率先して手伝った。

ママは、すぐ汗びっしょりになり、着替えさせて貰いたいが、いくらナースコールを押しても、看護師が二人いないと出来ないと言う。これでは、風邪を引いてしまうと、見様見真似で着替えさせたが、上手くいかず、ママも私もかえって汗だくになってしまった。

右麻痺のママは、左から脱がせて、右から着せなければいけないのに、私は、右から脱がせようと躍起になり、左から着せようと更に躍起になり、ママも寝巻きもグヂャグヂャにした。

私は、昼も夜も、十一階のレストランで、ひとりで食事した。

流石に、どのウェイターさんも、顔を覚えてくれ、毎回、窓際の席に座らせてくれた。

外は暑いのか、もう夏だった。

色とりどりの海水帽を被った子供が泳いでいたプールは、いつの間にかフットサル場になっていた。

なんでこんな事になってしまったのだろう……

涙がボタボタ、天プラうどんに落ちた。

この時期が一番辛かった。

脳腫瘍のお母様を、自宅で介護している、安藤和津さんに電話を入れる。

連日かけるが、出ないので、ご主人の奥田瑛二さんに電話する。

「おう！」

瑛ちゃんの一声に、号泣してしまった。

「ママが、ママが、脳梗塞で倒れて……」

「和津さんは、今、イギリスなんだけど、帰ったら電話させる。和津さんに相談するといいよ。全部自分でやって、何でも知ってるから」

約一週間後に、和津さんから電話を貰い、二人に会いに行った。

昔よくお邪魔した狸穴《まみあな》のマンションではなく、赤坂のマンションに伺った。

あんなにお元気だったお母様が、ベッドに小さくなって寝ていらした。和津さんが、

「マリちゃんが来たわよ！　マリちゃん」

と声をかけると、お母様は、ほんの僅《わず》か目を開けた。

「あ、判った、判った!!　マリちゃんが判った!!」

私には全く判らなかったが、娘にはその反応が判るのだろう。瑛ちゃんは、

「ほら、病院みたいだろう」

と、薬品の積まれたワゴンを指さした。

ひとしきり泣いた後、和津さんが、介護保険の申し込み方や、色々なサービスを教えてくれた。私は、こんなお金はないから、在宅は全く考えていなかったが、ちなみに、ヘルパー代が、一月いくら位かかるか聞いたところ、そこに居合わせたヘルパーさんが計算して、ヘルパー代だけで、月約七十万円と教えてくれた。和津さんのお宅は、二十四時間泊まり込みで、ヘルパーさんを雇っている。べらぼうな数値に、家にママを帰すのは、逆立ちしても無理と思った。


ある日、一番若い先生に、別室に呼ばれる。

先生は、ボードに絵を描いて、ママは多分、胃ろうになると説明された。

現在、鼻の穴からチューブで胃まで入れている栄養を、胃に穴を開けて、そこから直接注入するという。

なんであろうと、生きてくれさえすれば、もうそれでいい。私の望みも、段々小さくなってきた。

数日後、嚥下《えんげ》造影検査が行われた。

姉と共に、ガラス張りのレントゲン室の隣の部屋で、ママと、モニターを交互に見た。

ママは、先生の合図が判るとは思えなかったので、私もレントゲン室に入りたいとお願いしたが、それは却下された。

ママには、コーヒーゼリーを選んだ。バリウム入りのコーヒーゼリーを飲み込み、左の気管に入ったら、誤嚥となり、将来胃ろう。右に入ると食道で、口からの食事が可能となる。鼻の管も取れる。モニター前で、女の先生が、ペンを使って細かく解説してくれた。

まず一回目。

がたいの大きい、強面《こわもて》の男の先生が、コーヒーゼリーを、ママに、

「あーん」

して、ひと口、スプーンで入れる。

祈る両手が汗ばんでくる。次に、

「ごっくん」

と言って、ママに飲み込ませる。ママが出来るか？　ママに、先生の言葉が伝わるか？　固唾《かたず》を呑んで見守る私達に、ママの飲んだコーヒーゼリーは…………すると右へ入っていった。

「わー!!」

こちらはもう、オリンピックで金メダルのような大騒ぎだ。もう一度、

「ごっくん」

するっと、コーヒーゼリーはまた右へ。

「わー!!」

もう、初の宇宙ロケット打ち上げ成功位の大騒ぎだ。もう一度、

「ごっくん」

確かな、嚥下能力が認められ、私は姉と抱き合って泣いた。レントゲン室から、ストレッチャーでママが運び出された。

「ママ、凄い！　凄い！　良かったねー!!」

二人で、ママを賞賛した。ママは、キョトンとしていた。

食事は、まず重湯から始まった。

半分以上食べると、三分、五分とグレードアップしていく。目標は常食だ。

だが、こんな大きな茶碗に、ふのりみたいな重湯を、私だって食べたくない。ちょっと味見したら、やはり、のりみたいだった。そこで、先生の許可の下、ママの大好きな、たらこや、佃茂《つくも》の佃煮のあみを包丁で細かく刻んでまぶしてみた。

ママは、食べた!!

主治医の先生が、私の顔を疑い深く覗き込む。

「先生！　神に誓って、私食べてません！」

きれいに食べたお膳を先生に見せる度、私は容疑者扱いされた。

「本当です！　ママが食べたんです！　ねっママ!!」

ママは、あっという間に、目標の常食まで辿り着いた。飲み物も、始めは、トロミアップで、ドロドロにしていたが、その味が不味いみたいで、少しずつ少なくして、普通にストローで飲めるようにまでなった。

並行して、先生からは何度も呼び出され、転院の話をされた。

慶應病院は急性期の病院なので、長期の入院は出来ない。今後の行き先の説明だが、何度聞いても判らない。先生も判っていないのだから、私が判る訳ないのだ。

特別養護老人ホーム、老人ホーム、老人保健施設、老人病院、あるいはリハビリ病院。微妙な分け方の老人施設は、未だに訳判らない。

私は、希望を持ち、リハビリ病院を選択した。

慶應病院では、ママが倒れた翌日からリハビリが入っていて、マッサージを続けてくれた。いわゆるリハビリ運動は、全く出来ないが、毎日のマッサージのお陰で、ママの右手、右足は、硬直していなかった。

急変したら、慶應病院に戻して頂く事を条件に、慶應のリハビリ科の先生が院長を務める、市川市リハビリテーション病院に転院した。

十月三日（月）

もう秋が始まっていた。

リハビリ病院に貴乃花が！

市川市リハビリテーション病院は、電車だと、阿佐ヶ谷駅から本八幡駅まで、総武線で五十分、駅から病院まで、バスかタクシーで約三十分かかる。車だと京葉道路原木で降り、中山競馬場の横を通って、ずーーっと走る。いずれにしても遠かった。

ストレッチャーで病院に着いたママに、サプライズゲストが現れた。

貴乃花親方だ。光司君と呼んでいる。

ママの古希《こき》祝いにも、若貴大フィーバーの最中、駆けつけてくれた光司君は、家がボロかった頃から遊びに来ている。ママの鶏の唐揚げが大好きだ。ママと私は、引退相撲では、森元首相と並びの超特等桝席《ますせき》を頂いた。ママは、眼鏡の奥の涙を拭っていた。

「ママ!!」

光司君の力強い声に、ママは、

「アー‼　アー‼　アー‼」

と、泣き喚き、握られたその手を、強く強く引っ張った。

リハビリ病院は騒然となった。

もうリハビリどころではなかった。

ママも治っちゃうかと思った。

光司君は、四階の窓から見えるのどかな風景に、半月板の手術で入院したフランスの病院は、もっと淋しかったと言ってママを慰めた。絶対良くなるから頑張って！また会いに来ると言い残し、病室を去った。

握った手をようやく離したママは、光司君が見えなくなっても、左手を振り続けていた。

ママを始め、勿論私も、そして転院に同行して下さった、斎藤夫人、紀子ちゃん、宮島さん、病院の全ての皆さんが、勇気を貰った。

何かを極めた人のパワーは、並大抵のものではない。超能力だ。有難かった。

翌朝病院に行くと、なんとママは、Tシャツとスウェットパンツに着替えさせられているではないか！

入院時に用意する物、全て整え、箪笥やロッカーに仕舞ったものの、洋服は、まだこんな状態で出番はないだろうと、ロッカーの上の棚に、隠すように仕舞って帰った。それをちゃんと見つけて、どうやって着せたのか知らないが、まず、驚く。

そして、学校のように予定が組まれていた。
・PT　理学療法……歩行等、体の動かし方を練習する
・OT　作業療法……手先の運動や着替え等、日常生活に必要な動作の練習
・ST　言語療法……言葉や飲み込みの練習

ママは、怖いと大声を張り上げた。

この世に怖いものなどひとつもない程、太っ腹だったママは、どこへ行っちゃったんだ。

車椅子のまま、入れるお風呂も、ギャアギャア泣き喚き、起立台という、ベッドに横になり、お腹、太もも、足首をベルトで縛り、左手でバーに捕まると、そのベッドが、頭から起き上がっていく機械に乗せられた際は、流石の私も恐怖で背後に隠れた

が、私が見えなくても、ママは、ホールに響き渡る声で大騒ぎした。ママは、横に寝ている姿勢以外、辛かったのだ。

言語は、STの先生から、

「ウ〜ジ〜ワ〜ラ〜ジ〜ズ〜エ」

と言ったと聞いたが、本当だろうか？　次に先生が、

「藤原靜枝さんですね」

と問いかけると、ママは首を傾《かし》げていた。

先生には、ママに厳しい私が、スパルタのステージママのように映ったのではないだろうか。先生の方から、

「お母さん、可哀想……」

と言われる始末だ。

ママは、不味い病院食が嫌いで、ほとんど食べてくれないので、私は、昼、夜と、お弁当を買ったり、うどんや、そうめんを茹《ゆ》でて持って行った。しかし、一つ、お腹の漢方薬を変更したら、途端に、何も食べられなくなった。

検査をすると、腸が動いていないという。

十二月十六日（金）

慶應病院に再入院した。

再び慶應病院へ

「六君子湯《りつくんしとう》」という胃腸の漢方薬を、今まで飲んでいた「大建中湯《だいけんちゅうとう》」という、やはりお腹の漢方薬を減らして、新しく飲み始めたところ、ママは、全く食事を食べなくなってしまった。

気持ち悪いのか、詳しい状態は判らない。

言葉が喋れないので、検査結果以外は、ママの食欲が、ママの調子を測るバロメーターとなる。

私が薬のせいだと訴えたところ、薬は元に戻され、特に大きな治療もせず、お腹の回復を待つ。

尿が、自分の力で出せないかの、テストもした。膀胱に管を入れて、圧力を測り、パソコンでそのデータをチェックしていたが、無理だった。

便は、リハビリ病院で提案してくれた、ブジーという管を入れて便を採取する方法が、ママに一番負担が少ないようで、食欲が出て来るにつけ、管を太くした。詰まってしまうからだ。便を軟らかくする為、下剤を大量に飲まされた。

再入院したばかりというのに、もう若い先生から、転院の話で呼び出される。

「紹介出来る病院は、これだけです」

と、非情に事務的にパンフレットを並べる。

・初富保健病院　千葉県鎌ケ谷市
・小松会病院　神奈川県相模原市
・狭山博愛病院　埼玉県狭山市
・月が瀬リハビリテーションセンター　静岡県伊豆市
・江戸川病院　江戸川区東小岩

但し、ママの病状は重いので、必ず受け入れてくれるとは限らないと、付け加えられた。

最果ての老人病院にママを入れたら、私も倒れるに違いない。私達は、一卵性親子と言われてきた。どこへ行くのも一緒だ。全力での病院探しが始まった。


ママの子宮がんを発見した、近所の和田先生と、国会議員の秘書の方のご尽力で、急性期の荻窪病院が受け入れてくれる事になった。

教授回診の際、その旨を告げると、私を呼び出した若い先生達が、目を丸くして、目配せを交わしているのが判った。廊下でのヒソヒソ声も聞こえた。

ざまあみろだ！

一日、三五〇〇〇円の個室しか空いていなかったが、翌日、さっさと転院してやった。

一年間で四日の仕事

ママが倒れた後、これまで、たった四日しか私は仕事していない。

二日で済むという作品二本だ。

映画「大阪府警潜入捜査官」と、NHKドラマ「繋がれた明日」。

姉に、病院に行って貰い、大阪にも行った。だが、段々、ママの手のかかり方が、専門的になってきて、誰にでも留守番を頼める状態ではなくなってきた。仕事をする時間がなかった。

荻窪病院初日

二〇〇六年二月八日（水）
荻窪病院に転院した。
宮島さん、紀子ちゃん、カーナビーツの追っかけ時代からの親友エッコが付き添ってくれて、計十個にも及ぶ、ボストンバッグ、ダンボールの荷物運びに、事務所も車を出してくれた。

エアーマットをお願いし、右麻痺のママのベッドの配置から始まり、山のような書類に印を押す。初日は、目まぐるしい忙しさだ。

夜、主治医の先生に呼ばれ、ナースセンターへ行く。

「困るんだよねー。うちは急性期の病院だからさー。あなたは楽かもしれないけど、ま、二ヶ月位、とりあえず検査して、何かあったら治療するけど、とにかく、今後の病院や施設探しといて!」

大きな声で、入れ替わり立ち替わり出入りする看護師達は、ロバ耳ダンボで聞いている。先生は、皆に聞かせる事が目的で、この場所を選んだのか。

兎にも角にも、救いを求めて転院した初日から、肩身の狭い立場となり、その後、杉並区役所に、何十回と通う事になる。

在宅への道のり

老人病院、老人施設は、何度説明されても、相変わらず理解出来ず、区役所の窓口の方には、散々お世話になった。

区役所の職員さんは皆、病院の先生よりずっと優しくて、親切だった。

都内の老人病院、施設の一覧表を貰い、片っ端から電話をかける。判った事は、ママの病状は重いので、受け入れ先が少ない。特に、留置カテーテルとブジーがネックとなった。個室は、一月六十万~八十万円。その他に、治療、薬、食事、おむつ代が加算される。更に、人気の病院や施設は、一〇〇〇人待ちという。つまり、一〇〇〇人死なないと入れないのだ。

慶應病院の千野名誉教授が、名誉院長をする、永生会の新しい施設、マイウェイ四谷は、昨年、オープン前に見学させて貰った。再度、確認したところ、留置カテーテルの交換は、病院に通わなければならないとの事。四面楚歌で頭を抱えていたところに、杉並区の病院、施設に、早く入れる、ツテを見つける。やったーとばかりに、先日、香港から見舞ってくれた、従兄弟のルイに電話する。

「マリ、偉い人の世話になるのもいいけど、おばちゃまは、家に帰りたいんじゃないかなあ。うちのパパとママの時もそうだったけど。帰った時、凄く喜んで、良くなったし」

翌日、荻窪病院、訪問看護ステーションの所長（ケアマネ兼看護師）、須藤さんと面会する。

「帰ったら良くなりますよー」

このひと言で、私は、在宅を選んだ。

というより、それしかもう道はなかった。

問題は、莫大なヘルパー代だ。これを最小限に抑える為、私の仕事がない時は、一日八時間、仕事の時には、それに合わせてヘルパーに入って貰うと、いとも簡単に打ち合わせる。

無知な私に、救いの神も現れた。それは、身体障害者手帳一級のママに、ヘルパー代を負担してくれる、支援費制度だ。重度身障者の家族が、私のようにひとりだけで、働きに出られない場合、ヘルパー代を、その仕事時間に応じて区が負担してくれるのである。但し、私の場合、仕事時間が定まっていない為、厳しい返答を貰う。そこで、事務所の協力も得、過去三年間の、毎日のスケジュール表を提出。三味線の稽古や、観劇、通院も含め、家を出てから、帰るまでの時間を書き出し、提出の際には、事務所の部長にも同席をお願いした。

リフォームは、須藤さんから紹介された、介護保険の使える業者に頼んだ。

ママは勿論、一番重い要介護5だ。

玄関から、和室だった居間をフローリングにして段差をなくし、庭にも出れるよう、ウッドデッキを作り、部屋と繋いだ。

手始めに、ゴミ屋敷張りに、一年分の郵便物が山積みになった居間を片付け、ママの入院中の荷物十個の収納場所を考え、私の洋服から処分。シャネルも六〇〇〇円位で売っちゃった。残りの私の服、四十五ℓのポリ袋十四袋分は、渡辺えりさんの劇団、宇宙堂へ。えりさんの、

「金持ちのおばさんの服がないのよねー」

という言葉に、

「待ってね、ママ、まだ死んでいないから」

と、二人で笑った。笑う余裕がちょっとだけ出た。

新聞で、安藤和津さんのお母様の訃報を知り、飛んでいく。

お母様の棺の前で、

「私も、家に帰すことにした」

と、和津さんと瑛ちゃんに打ち明ける。

「マリちゃん、それがいいよ。一生後悔するわよ！　そうそう、家のヘルパー空いたから！」

と、こうして、ヘルパーさんも決まった。

ママを家に帰す決断をしてから、トントン拍子に全てが進んだ。私は、それが例え、十日でも構わないと思った。

ママが帰ってきた！

五月十七日（水）
ママが帰ってきた!!
介護タクシーで、病院からたった十分だ。
たった十分の為に、どれだけ頑張ってきたことか。
たかが十分。されど十分。
ママと私の歴史上、記念すべき、重い十分間だった。

車椅子で病室を出る際、ママは怖がり、大声を張り上げ、看護師さんの白衣を引っ張って離さなかった。家に帰ったら死んでしまうと思ったのかもしれない。ママにとって、帰宅は、恐怖以外の何物でもなかった。
介護タクシーには、宮島さんにも同乗して頂き、家の前では、姉、エッコ、カズち

ゃん、それから初対面のヘルパーさんが待っていた。皆がママを出迎えた。カズちゃんの顔も覚えていて、ママが、

「あゝ」

と言った。カズちゃんは号泣した。

車椅子のまま家に上がり、私が、新しく作ったウッドデッキに連れて行き、満開のドウダンツツジや、シャクナゲを見せようとしたが、ママは大好きな花にも興味なく、

「ギャーー!!」

と、阿佐ヶ谷中に轟《とどろ》き渡る声で大騒ぎする。

早く寝かせようと、ママの部屋に入り、介護タクシーの運転手が、ママをベッドに移した。

と思ったら、落とした!! ママを落としたのだ!!

一瞬の間の後、全員が駆け寄った。なんて事だ!! 全員が、今後の日々を案じて不安に陥《おちい》った。

幸い、大きな怪我や、打撲はなかったようだが、あの運転手は、ヘルパーの資格とか持っていたのか？ 後に問題となる会社の社員だった。

昼はそうめん一束半。夜はお寿司。病院では食べられなかった美味しいお寿司屋さんのお寿司だ。トロ、かんぴょう巻二貫、こはだ、うに、まぐろ、かつお、赤貝、玉子一貫ずつ、計十貫、左手で撫《な》でるようにお醬油をつけて平らげた。

看護師は、特別訪問看護指示書で、二週間は毎日来て、ヘルパーにブジーを教えてくれる。ブジーは一日二回になったので、一回は、私とヘルパーさんで行った。

夜七時過ぎに、採尿後、ヘルパーさんが帰った。姉も帰り、阿佐ヶ谷に引越してくれたカズちゃんには、二階の私の部屋に泊まって貰い、私は、ママのベッドの隣に、布団を敷いた。エアーマットは、体位変換器がついていて、夜中に私が起きる心配はなかった。

電気を消すと、ママのすすり泣く声が響いた。

「ママ、大丈夫だよ、先生も、看護師さんも、ヘルパーさんも来てくれるからね」

「お金は、介護保険で出るから」

ママの不安を全て拭ってあげたかった。

すすり泣きは、そのうち鼾に変わった。ハワイであんなにうるさいと思った鼾が、今はこんなにも愛おしく、有難い。

夢のように幸せだった。

夢は叶う

翌朝、起きると、何か足元が湿っていた。

よーく目を凝らすと、ママの尿バッグから、尿が滴り落ち、ビショビショに絨毯《じゅうたん》を濡らしている。

急いで自分の布団を上げ、ケアマネ兼看護師の須藤さんに電話する。ああして、こうしてと指示されるが、全く判らない。私は、尿のバルーンバッグの使い方を知らなかったのだ。須藤さんは、

「じゃあ、いいから、バケツ持って来て、そこに突っ込んどいて！　あとで行くから！」

昨日のヘルパーが、バルーンバッグの尿の捨て口の栓を閉め忘れたのだ。

ここからが始まりだ。

以降、私は、バルーンバッグからの尿破棄、ブジー、清拭《せいしき》、食事の介助、口腔ケア、薬の整理、投薬、飲水、食事作り、掃除、洗濯……

炊飯器の使い方も知らなかった私が、何もかも自分でやらなければならなくなる。

当然、ヘルパー、看護師、先生……と助けて貰うが、これは、あくまでも助けなのだ。基本、在宅は、家族が全て出来なければ無理なのだ。

教訓其の一　在宅は　すべてひとりで　覚悟して

この日は、また別なヘルパーさんだった。

ヘルパーも病気をしたり、休むことも考慮に入れ、複数入れた方がいいそうだ。知らない人が毎日家に来るのも苦痛だったが、それぞれに、携帯番号を教えるのも苦痛だった。

ヘルパーは、事業所が同じだと、ベテランも新人も、よぼよぼの婆さんも、クリアな若い娘も、いい人も悪い人も、全員同じ値段だ。この人ダメと思って辞めて貰うと、もっと酷い人が来たりするから要注意。

ヘルパーの事業所によっても、値段がまちまちで、ヘルパーの持つ資格や、時間帯、利用者（ママ）の介護度等々、細かく違うので、計算の仕様がない。ように出来ている。高い事業所に限って、いいヘルパーがいたりするものだ。


今夜は、私の夢だった、ママとしゃぶしゃぶだ。

昨日、車椅子から落とされたばかりなのでドキドキしたが、今日のヘルパーさんは力持ちで、安定してママを移乗してくれた。フローリングにした居間に、脇坂さんもお呼びして、ビールで乾杯をした。カズちゃんもいた。

病院で、しゃぶしゃぶやお鍋は、決して食べる事が出来ない。ママと同じテーブルで、ゆっくり食事することも不可能だ。

涙が出る程嬉しかった。

この後、バーベキューや、誕生日祝いに、ゆうた、一昨年生まれた弟のしゅんや、姉一家、斎藤夫人、紀子ちゃん、宮島さん……沢山のお客様をお呼びして、私の夢は、次々と叶えられていく。

ふと、ママの部屋を覗くと、ヘルパーさんが床に座り、投げ出した足を揉んでいた。彼女のそんな姿は、以来十年間見た例がない。初めての家の、慣れない仕事で、余程疲れたのだろう。このヘルパーみほちゃんが、成長し、家の中心ヘルパーとなってい く。

一日のスケジュール

六時。

起床。自分の布団を上げ、ママのおむつチェック。検温、血圧、脈測る。新聞取ったり、花の水やり、物干し拭き、朝食、薬の用意、清拭用タオル十一本の用意、ブジーの用意等々。

七時半。

ママを起こす。体位変換器を体位保持に。白内障の目薬点眼、再度おむつチェック、布団交換、エアコン温度調節、テレビつける。障子開ける。顔拭き、ブラッシング、眼鏡かけ、入れ歯入れて、エプロンする。

八時。

テレビはNHK朝ドラ。食前薬、朝食、入れ歯取り、歯みがき、食後薬、再び入れ歯入れる。新聞見せる。

十一時。

ブジー前、お腹をホットタオルで温める。

ヘルパー来訪。採尿、点眼、ブジー、清拭して着替え。ママは眼鏡をかけてテレビを見る。洗濯機を回し、尿瓶《しびん》に入れたビニール袋に溜まった便を、トイレに捨て、ビニール袋はゴミで捨てる。ブジーは、トイレとお風呂場で洗い、ハイターに漬け、三十分後流す。昼食用意。

十二時。

エプロンして昼食。入れ歯取り、歯みがき、食後薬、顔拭き、化粧水、乳液、リップ、ブラッシング、テーブル拭き、洗った入れ歯を入れる。

十三時半、十四時半、十五時半。

飲水。麦茶やカルピス等。

看護師、マッサージ週二回、訪問入浴週一回、医者は月二回、歯医者は月一回。

この時間、私は買い物に出、ヘルパーは家の掃除をする。

十六時。

点眼、ブジー。昼と同じように、後始末し、洗う。夕食の用意。

十七時半。

エプロンして夕食。入れ歯取り、歯みがき、食後薬、顔拭き、化粧水、クリーム、リップ、ブラッシング、テーブル拭き、入れ歯は洗い、ポリデントに漬ける。食後の片付け、ゴミ出しして、採尿。

十九時。

ヘルパーさん帰る。私は、食事、お風呂に入り、ママの隣に布団を敷く。ママに睡眠導入剤を飲ませると、私は早々と寝入ってしまう。ママは大音量でテレビを観ている。十二時には消す約束をしたので、その頃起きて、テレビを消す。夜用の布団に替え、エアコンも就寝用にセットし、体位変換器のスイッチを入れ、電気を消す。

ママはなかなか寝つけない。隣に寝る私を起こすまいと、じーっと黙っている。時折、左手を薄明りに透かし、人差し指を立てて、眺めたりしている。小さな幸せだが、これが一生続いて欲しいと願う。

介護保険

要介護5は、当時、一ヶ月あたり三五八三〇単位で、一単位の額は、サービスの種類によって十〜十・七二円。現金支給ではない。利用者の負担は、利用総額の一割である。

ママは、訪問介護（ヘルパー）一日二時間、訪問看護週二回、訪問入浴週一回、福祉用具貸与（電動ベッド、エアーマット、サイドレール三本、介助バー一本、ベッドサイドテーブル、車椅子）と、介護保険を使う予定が、入り切らず、一月二万円位負担していた。ふと、福祉用具のカタログを見て計算すると、ベッドや備品は、購入すれば、二年で元が取れてしまう。問題は、どれだけママが生きられるか、あるいは家にいられるかである。介護は常に、死と向き合ってお金の計算をするのが辛い。かと言って、死んでしまえとは、誰も思わない。私は、ママが生きる方に賭け、電動ベッド、サイドレール三本、介助バー一本、ベッドサイドテーブルを購入した。エアーマットと車椅子は、次々に新商品が出ると聞き、借り続けた。福祉用具の会社の人は、宣伝防止の為、聞かないと教えてくれない。定期的なカタログチェックも必要だ。

私は、ノンスリップ盆、食事用エプロン、ポジショニングクッション、スライドシート、車椅子パイルベルト、スロープ、室内履き……と、新しいカタログで、ママも介護も楽になる新たなグッズを発見した。

ただ、介護用品は高い。

ヘルパーは、介護保険だけでお願いすると、近年は厳しい規則にブチ当たる。

「訪問介護員(ホームヘルパー)は介護の専門職です! 家政婦さんとは違います!」と、利用者以外の食事の支度や、掃除、医療行為の禁止を謳うチラシも配られている。

あれ〜？　安藤和津さんのお母様から譲り受けたスーパーヘルパー松野さんは、家に来るなり、庭のボサボサの草むしりをしてくれたけど……

家の場合は、一日、介護保険二時間、支援費約五時間以外は、全て私費（自費）となり、色々助けて貰えたのだ。

住宅改修にしても、十八万円の支給だけでは、到底補えなかった。

これから仕事を始める為には、家族のようなヘルパーさんが必要だった。苦戦した。

仕事再開

大きな危険もなく、ママが帰宅してから、四ヶ月が経った。

ママは、荻窪病院後半からの食欲を、まだ維持していた。

朝食は、果物だけ

昼食は、そうめん、うどん、冷し中華、ラーメン等

おやつに、アイスやゼリー
夕食は、ご飯、刺身、ロールキャベツ、もつ煮込、なす煮等々と果物
ヘルパーさんも、ようやく定着し、ブジーもなんとかひとりで出来るようになり、

私は、不安ではあったが、仕事を再開する事にした。

ママが荻窪病院入院中にお断りした、時代劇のプロデューサーだけには、ママの病状を事務所から伝えて貰っていた。阿佐ヶ谷出身で親しかったからだ。そのプロデューサーから、再びお仕事を頂く。「京都花嫁衣裳殺人事件」京都での撮影だ。

ママに告げると、

「えーー」


と、ボロボロ涙がママの頬を伝う。

私は生まれてから、ママが倒れるまで、ママの涙を見たのは数える程だ。なのに倒れてからは、ママは泣いてばかりだ。

どっちが本当のママなのか!?

私は、ママは決してひとりにならない事、ヘルパーさんが、ママの隣に泊まってくれて、お友達も来てくれる事、美味しいご飯も作ったり、買ったりして食べられる事、

とママが不安な要因を、次々払拭する。

そして、まずは、八日分の三食のメニューを表にし、コピーする。それに伴う買い物を済ませ、刺身や、万が一の買い物は、カズちゃんや、近所の脇坂さんにお願いし、二人の電話番号を貼っておく。配達可能な八百屋さんの電話番号も。備品は多めに買い込み、八日分の薬の準備も完了。ヘルパーさん用の新品のシーツ、布団カバー、枕カバーも購入、布団も干した。準備万端ではないにしろ、出来る限りの手配を終え、京都へ旅立った。

九月二十八日（木）

タクシーの窓越しに、

「東映株式会社　京都撮影所」

の看板と、東映の三角マークが近づいて来る。辛く苦しい想い出ばかりの場所なのに、胸が詰まった。

俳優会館の前には、付き人のネネを始め、スタッフに加え、ドラマ「HOTEL」で共演した小野寺丈君も出迎えてくれた。

私の仕事場所は、ここなのだと思った。そう思いたかった。

が一方、ママが心配でならなかった。何度も電話をかけては、ママと話した。初めは、私の声を聞く度、泣き声を立ててヘルパーを困らせていたが、そのうち、私の京都でのドラマの話や、ママの食事のメニューの話に、

「あーそう、そう、へー」

と、反応するようになってきた。

お土産話とお土産を、どっさり持って帰京した。

正月の大惨事

二〇〇七年元旦

昨年ママは、慶應病院で正月を迎えた。

私とカズちゃんも、マックのハンバーガーだった。しかし、今年は家でお正月だ！　料理上手な松野さんの活躍で、小さいお餅の入ったお雑煮と、おせちを、乾杯して食べた。

幸せな一年の幕開きだった。

一月六日（土）

霧のような、弱い雨が降っていた。

台所で、サポーターを洗っていた私は、きな臭い臭いに、サポーターを洗うと変な臭いがするんだなと思う。

ママはまだ寝ているので、小さな音で、リビングのテレビをつけていた。

テレビの向こう側の庭が、ガスっていた。霧より濃く、裏の中華料理屋の煙かな〜と思いながら、洗面所に行き、帰りに庭を見ると、ガスのような煙は、左の中華料理屋からではなく、右の方向から流れてきている。その流れを辿り、私は、裏口を開けた。目が痛い程モクモクの煙の先に、傘をさす人達が見える。騒いでいる。サンダルで飛び出すと、火事だった！　なんと隣のアパートだ！　隣のアパートの隣は、家の駐車場で、その隣は、ママの部屋だ！　既に消防車も到着し、アパートの住人は、梯子《はしご》で運び出されているではないか！

私は、口から心臓が出そうになった。

松野さんに電話して、早く来てと頼む。北口のアパートに住むカズちゃんは、今日舞台の稽古初日だ。

とりあえず、ママを起こそう！

あゝ、もうすぐ私の車が燃える！

次は、ママが寝るこの部屋だ！

気が動転して、何をしていいのか判らない。

私は、団扇《うちわ》でママの部屋の煙を扇ぎ、必死で煙を部屋の外に出す。ママをどうやって運び出せばいいのか、松野さん来るまで、到底待てない。申し訳ないが、カズちゃんに連絡した。カズちゃんは飛んで来て、

「家には、寝たきりがいるんだー!!」

と、消防隊員に叫んでいた。鎮火には、何時間か、かかった。火事は、隣のアパートではなく、その向こう隣のアパートの一室から燃え広がり、焼け跡は、真っ黒焦げ

になっていた。恐ろしい惨状だった。

ママは助かった。

愚かな娘に殺されずに済んだ。この時の自分が未だに理解出来ない。パニックの極限になると、人は、手足も頭脳も、もぎ取られてしまうものか？　それとも、私だけ阿呆なのか？

カズちゃんは、稽古初日に遅刻して、

「家が火事で……」

と言うと、皆に、

「またーまたー」

と笑われたという。

ごめんなさい。助かりました。

ダイエット

決してママのせいにはしたくないが、体質は似ているとは思うが、そして弁解もしたくないが、ブクブクに太ってしまった。

二〇〇七年五月

自分の最新映像を見て、ヤバイと思った。

私がヤバイと思って、ダイエットを始めかけたところ、そのテレビをご覧になった、尊敬する美術家の朝倉摂先生から、電話が入る。

「マリちゃん、痩せなさい!! パパも言ってるよ!!」

小さい頃は、ガリガリだった私が、三十歳を過ぎた頃、突然太り始め、ママと同じ体質だという事が判明した。しかしながら、それまで、どれだけ発声練習しても出なかった舞台の声が、いきなり出た。体も楽器の一部という。お腹に肉がついて、私は、劇場に響く声を得た。恩恵もあったのだが……

ちょうど太り始めの三十三歳の時、新橋演舞場「ガラスの仮面」で、姫川亜弓を演じた。大竹しのぶちゃん演じる北島マヤの永遠のライバル。父は監督、母は女優という、サラブレッドのお嬢様だ。

演出の坂東玉三郎さんは、少しふくよかになった私にこう仰った。

「マリコは太っちゃ駄目なの。痩せてるイメージがあるから。太るとバンプになる」

稽古中に私が、ハンバーグ定食とか、しのぶちゃんと並んで食べているのを見つけると、

「ごはん食べちゃ駄目!!」

私だけ怒られる。ハードな稽古に私が、

「食べなきゃ、倒れますぅ〜〜」

と訴えると、

「だったら倒れなさい！　そしたら食べさせてあげる、オホホホホ〜〜」

ついに、お米禁止令が出た。ジュリエットの時には、蜷川幸雄先生に、

「マリコ、肉喰え！　肉！　出来れば生肉!!」

と怒られ、舞台の時は、肉を食べなければ、また、沢山食べなければ倒れると信じ続けてきたのに。だが、玉三郎さんの命令に従った私は、初日までにすっきり痩せて、共演者達を驚かせた。

映画「群青の夜の羽毛布」の時も、密かにダイエットした。

まず、ダイエット本を購入し、ダイエットの仕組みを考える。つまりは、カロリーなのである。食べ物のカロリーを、徹底的に覚えて、外食、お弁当にも対応出来るようにする。

天丼か中華丼の昼食に、迷わず中華丼を選んだら、中華丼の方がカロリー高かった、なんて失敗もしょっちゅう。

私にローカロリー食を作った、ママも一緒に痩せちゃって、あの時は笑ったな。

今回は、五十六キロまで太ってしまったが、要するに食べなければ痩せるので、朝は食べず、昼はうどんとかにして、夜は、ワインとキュウリとキムチと豆腐とか、野菜やささみを食べてダイエット。焼酎だともっと低い。

ダイエットはまず、一キロが落ちない。次に三キロが落ちない。五キロが落ちない。十キロ落としたら、あとは、量るだけダイエット。朝晩、体重を量る。地方のホテルにも、体重計を入れて量る。

ダイエットは、痩せれば成功ではない。ダイエットの極意は、痩せ続けることだ。

そうだ、ビリーにもお世話になりました。

ママをひとり置いて、外を走ったり出来ないので、ビリーズブートキャンプも、かなり絞れた。

教訓其の二　ダイエット　食べなきゃ痩せる　甘えるな

ヤブ医者

医者は、月二回、居宅医療で来てくれる。

一回は採血、一回はバルーン交換で、一年間は、ママも風邪を引く程度で、大きな変化はなかった。

五月十四日（月）

先生が採血。

ママの血管は細く、毎回冷や汗物だが、この日も、先生は何度か失敗し、そしてやっと左手から採血出来、アルコール綿を乗せ、松野さんに押さえるよう指示した。ママは、ワーファリンを飲んでいるので、血が止まりにくい。先生は、松野さんが押さえた止血を確認し、注射パッドを貼り、帰った。

そこが、見る見る紫になり、腫れてきた。

翌日になると、紫が黒くなり、腕全体に広がり、象の足くらい太くなってきた。指もたらこのようで、ママは痛がり、泣き続ける。

先生に電話すると、湿布薬を貼って様子を見るようにと言われ、何十枚も、夜中貼り替えた。

次の日、ようやく来た先生は、

「何かにぶつけたんですか？」

「湿布薬と眠剤出しときます」

と言って、帰って行った。

私と松野さんは、唖然とした。寝たきりのママが、どうやったら、こんな交通事故のような怪我が出来るというのだ。慶應病院の元師長さんに相談すると、静脈でそこまで腫れることはない。動脈に針を差したんじゃないかと。

先生には、何度も電話を入れたが、反応は冷たく、近所の和田先生に来て頂いた。

象足のようなママの左手は、ネグリジェの袖に腕が通らない程、腫れていた。驚いた和田先生は、

「これ訴えたら、一〇〇パーセント勝てるけど、訴えたら？」

と仰った。あゝ私が女優でなかったらなあ、と、自分を叩《たた》き、恨んだが、唇を噛み堪えた。

採血ミスの医者は、その後三回来たが、決して自分の否を認めず、湿布薬一枚、くれなかった。挙句、止血の仕方が悪かったと、ヘルパーのせいにする。松野さんはカンカンだ。そして、採血が難しいので、辞めさせて欲しいと言ってきた。なんだ、採血の失敗だと判っているのではないか。判っているのに認めない。謝らない。君に誠意はないのか。象足のように真っ黒な腕、たらこのように腫れ上がった指で痛がるママを、君は可哀想と思わないのか。申し訳ないと思わないのか。

患者と家族は、原因と、治療方法と、その後の展望が知りたいのだ。治して欲しいのだ。

やつの家の塀に、スプレーで、

「ヤブ」

と、落書きしたい衝動に駆られたが、大人なのでやめた。

ノロ

二〇〇八年一月二十四日（木）

夕方、ママが大量に吐く。

三年前に倒れてから、口の中の使い方が、上手く出来ず、例えば、痰《たん》を出そうとして、オエッと、吐いてしまったり、歯みがきや、うがいの際、慣れない介助に、吐いてしまうのは、日常茶飯事だったが、今回は、布団まで汚す程、吐いた。

気持ち悪いようで、珍しく夕食は何も食べず、麦茶とカルピスだけ飲み、寝入った。

夜中に、ママの、

「ウ〜〜!!」

と呻《うめ》く声に起きると、横になったママの口から、嘔吐物《おうとぶつ》が溢れ出している。

慌てて、近くにある、タオルや、ビニール風呂敷を敷いて、塞《せ》き止めようとするが、尋常でない量吹き出してきて、とても追いつかない。なんとか、下の絨毯までは汚したくない。私の布団は、半分に畳み、ありったけのティッシュと、タオルで、流れを食い止め、ママが落ち着くのを待った。

ママの髪の毛、耳の中まで、嘔吐物が詰まり、ベタベタだ。

「ごめんね、ごめんね」

私は、清拭用のホットタオルを作り、体を拭きながら、汚れた枕、布団、電気毛布、バスタオルは、廊下に投げ出し、シーツ交換し、ネグリジェ、シャツを着替えさせた。

いつもは出ない便も大量に出ていて、おむつ交換もした。

髪の毛は、ビショビショになる程、ホットタオルを替えながら拭き、ドライヤーで乾かした。

ママは、一応きれいに着替え、布団も替えて、再び電気を消した。

こんな可哀想なママを見たことがない。

寝たきりの老人が、仰向けで吐き続ける姿を想像して欲しい。

「ごめんね、ごめんね」

私はママに謝り続けた。

何に謝っているのか。

あの時、あの日だけ、舞台から家に直接帰らなかったことを謝っているのか。

こんな姿にしてしまったことを謝っているのか。

泣きながら、山のような汚れ物を、片っ端から洗濯し、ハイターし、再度、洗濯機で洗って干した。いつの間にか、明るくなっていた。

その後、私もお腹が痛くなり、七転八倒した。

後始末した人は必ず移るという、ノロウイルスだった。

恩人　林真理子さん　見城徹さん　尾木徹社長

気づくと、お金がなくなっていた。

ママが倒れて、一年間の入院費、私の外食代から始まり、家のリフォームや、医療費、看護師、ヘルパー……病人がいるとお金かかるなあと、家計簿をつけてみた。

元々私は、お金遣いが荒く、あればあるだけ使ってしまうと、ママに、通帳は管理されていた。

ママが倒れてからは、全て自分でやらなければならなくなったので、銀行にも何度も通い、ママの通帳も、今度は私が管理するようになった。

家計簿は、ノートに、ただ支出と収入を書き出すというシンプルなものだ。そこで大きな発見をする。それは、私の収入がなかったのだ。

問題は、ママにかかるお金ではなく、入ってくるお金がなかった、つまり、仕事をしていなかったのである。

ママの入院からの長い休みに加え、在宅になってからも、ヘルパーが慣れるまでに時間がかかり、また、ヘルパーの交代、突然の休み、長い休暇等に振り回され、昔のように、簡単に仕事が受けられなくなった。仕事先には、私の事情は伏せて貰っていたので、NGが多すぎて、使いづらい女優と映ったかもしれない。

事務所の社長に、仕事をお願いすると、今、ドラマが少なくなって、皆仕事がないと言われた。

尊敬する、何人かの先生方にご相談して、私は、一旦、事務所を辞めた。

二〇一〇年四月十三日（火）

仲良しの井上絵美ちゃんのお父様、井上梅次監督を偲《しの》ぶ会で、五年振りに、林真理子さんと再会する。

林さんとの出逢いは、一九八三年九月二十二日、雑誌「セクラ」の対談だ。『ルンルンを買っておうちに帰ろう』で大ブレークした林さんは、ちょっとボーイッシュな刈り上げで、最新ファッションに身を包み、破格に楽しい人だった。面白い本を書く人は、やっぱり面白いんだな、と思う。ユーミンと対談した時と同じように、すぐに仲良くなり、あちこち出掛けた。一緒に「なるほど！ザ・ワールド」に出演したり、「LEE」のグラビアで香港にも行き、ペニンシュラのスイートルームに、二人で泊まった。

パパは神経質で、原稿を書く間、家族は、息をひそめて暮らしていた。兄が、パパの部屋を覗くと、火鉢の上の鉄瓶が飛んできて、兄は大怪我をしたという伝説もある。

部屋に着くなり、林さんが、

「原稿書くから、その間、テレビ見てて〜」

と、テレビをつけてくれた。私は、びっくりして、殆ど聞こえない程小さな音で、映像だけ見ていると、隣の部屋から出てきた林さんは、

「書けたー！　なんだ、音出していいのに。全然平気！」

と言ってのけた。彼女の才能にたまげた。

林さんが独身の頃は、気軽に誘えたが、結婚して、やはり遠慮がちになり、私の舞台「ガス燈」を観に来てくれた直後に、ママが倒れたので、とんと疎遠になってしまっていた。

五年振りの林さんにママの事を話すと、会おう会おうと、少しして連絡が来た。

五月二十七日（木）

林さんが、眺めのいい「聘珍樓《へいちんろう》」で、香港以来の、豪勢な中華料理をご馳走して下さった。

私は、ママの話、仕事の話を、思い切り話した。林さんは心配して、

「見城さんに頼んだら？　今、凄く力あるし」

「あれ？　まだ絶縁中じゃないの？」

「そう、でも編集者から連絡させる」

六月七日（月）昼

見城さんとは、「まっくろう」の喜美子さんを偲ぶ会以来、八年振りの再会である。

仕事の合間というのに、白ワインで乾杯する。私は話すのに懸命で、頼んだクラブハウスサンドイッチに手をつけられない。

「食べないの？」

見城さんは、話を聞きながら、話しながら、頼んだメニューを、豪快に平らげていく。

仕事の出来る人は違うなあと思う。昔はよく、喜美子さんやママと一緒に食事した。ママも見城さんが大好きだ。今朝も、家を出る時、左手でゴーサインを出した。

こうして私は、見城さんから、プロダクション尾木の尾木徹社長をご紹介頂く。

尾木社長は、穏やかに、仏様のような微笑みで、窮地のママと私に、手を差し伸べて下さった。

そして私は、十六年間絶縁していた林さんと見城さんのキューピッドとなり、十二月二十六日、その歴史的会食の立会人となる。

奇跡の舞台　真砂女

二〇一〇年一月二十五日（月）
「ガス燈」の演出家、文学座の西川信廣さんから、舞台のお話を頂く。
「今生の　いまが倖せ　衣被《きぬかつぎ》」

恋に生き、恋の句を詠み続けた、女流俳人、鈴木真砂女《まさじょ》の波乱の半生を綴った「真砂女」という、劇団朋友の舞台の主演である。

十一月十日（水）～十四日（日）六本木・俳優座劇場で上演する。稽古は四十日間だ。

舞台は怖い。ママが帰って四年になるが、家のイレギュラーなスケジュールと、難しいブジーの医療処置に、松野さんとみほちゃん以外のヘルパーは、何十人と代わり、なかなか定着してくれない。ヘルパーがいない穴ボコだらけのスケジュールは、映像ならNG出して、しのげる事が出来ても、舞台はそうはいかない。増してや、インフルエンザの時期だ。舞台は休む訳にはいかないのだ。

仕事は最早、やりたい、やりたくないの次元ではなくなってきてしまった。出来るかどうかは、ヘルパーがいるかどうかの一点だけだ。

「真砂女」も、文献を読むと滅茶苦茶興味深い。もしかしたら、「放浪記」みたいに、私のライフワークになるかもしれない。だが、これを受けたら、大赤字になるし、ヘルパーが突然休んだら、私はどうしたらいいのか。

西川さんに説得された。草笛光子さんの場合は、商業演劇だけでなく、「私はシャーリー・ヴァレンタイン」や「六週間のダンスレッスン」の公演を重ねて、今の地位を築いて来たと。

しかし、私の問題は切実で、考えても考えても答えは出なかった。そこに一本の電話が。

「マリちゃん、頑張ろう!!」

大尊敬する朝倉摂先生が、美術を担当なさる事に決まった。もう後戻りは出来なかった。

稽古は、なるべく時間をオーバーしないよう、ヘルパーのいる時間内に設定して頂き、ヘルパーが来たと同時に家を出て、ヘルパーが帰る、夜七時までには家に戻った。西荻の稽古場には、車を運転して通った。

俳優座劇場には、電車通勤した。

余り、宣伝もなく、チケットもなかなか売れず、初日は空席もあった。が、翌日より、俳優座劇場の前に、お客様が長蛇の列となった。ネットの力だ。私でも席が取れず、もう一度観たいと、エッコは表に並んで観れた。

十一月十一日（木）

ママが観に来た。

みほちゃんと、カズちゃんがついて、ママはお化粧して、ネイルして、お洒落して、ストレッチャーで連れて行き、劇場前で車椅子に移乗した。介護タクシーの運転手田中さんがスペシャリストで、ママも怖がらず、二階の座席まで、階段をスロープ使わずに上げてくれたという。しかし、車椅子に座るのが辛いママは、幕が開くなり、

「あ〜あ〜」

と騒ぎ出し、隣席の慶應病院、千野名誉教授が脈を測り、ママは、たった二十分で、劇場を後にした。

二年後、この舞台が地方に売れた。

作品としては、有難い事だが、私の立場では、喜んでる場合ではなかった。

ケアマネ須藤さん、ヘルパー事業所の担当者と、綿密な打ち合わせを重ねた。打ち合わせたところで、病気、怪我、その他のハプニングは防ぎようがない。

劇団にも、沢山の条件をお願いした。一番大変だったと思うのは、一ヶ月間回る地方公演の途中で、中三日帰京させて貰う条件だ。一ヶ月家を空けるのは不可能だった。その為に、劇団は、劇団員、スタッフも帰京させ、トラック二台は、現地に残るという、劇団の負担も大きくなるのだが、快諾してくれ、生まれて初めての地方巡業、全七十公演がスタートした。

二〇一二年十二月十日〜十五日　関越ブロック
二〇一三年一月十二日〜二月十五日　中部北陸ブロック
　　二月十八日〜二十七日　東京　新国立劇場小劇場
　五月十五日〜六月十八日　中国ブロック

携帯電話の電池がなくなる程、家とは連絡を取り合った。ヘルパーを替えようとした事業所があったり、入院したヘルパーもいた。ブジーの苦手なヘルパーの日は、必ず看護師に入って貰い、とにかくしのいだ。

二〇一三年二月二十一日（木）
ママが、ストレッチャーで新国立劇場に着いた。

スペシャリスト田中さんに、劇場前で、新しく借りたリクライニング式車椅子に移乗して貰い、みほちゃん、カズちゃんと、ママは、まず楽屋に来た。

劇場は、バリアフリーで、車椅子は下手の端だが、前から三列目だ。良く見え、声も聞こえたようで、ママは、笑ったりしていたそうだ。リクライニングで、横になる事も出来、最後までママは観れた！

ロビーでは、ママは大人気で、周りに人垣が、二重三重と取り巻き、ママは、皇后美智子様のように手を振り、写メを撮るお客様もいたそうだ。

エッコや脇坂さんも一緒に帰宅し、お寿司を食べ、私は途中で寝てしまった。翌日、みほちゃんから、ママが皆に、

「もう一度、行く？」

と聞かれ、

「よし、いこう！」

と、はっきり言ったそうな。ホンマかいな？

ママは、二十七日（水）千秋楽に、また観に来た。

舞台が奇跡を生んだ。

オレオレ

二〇一二年九月二十四日（月）

ママはお昼にラーメンを食べ、私は珍しく買い物に行かず、夕食の準備に取り掛かっていた。

そんな午後に、一本の電話が鳴る。

杉並区役所からで、医療費払い戻しの連絡だ。平成十八～二十三年度、病院や医者に多く払っていたので、その過払い金の返金があるが、手続きが済んでいないという。

私は、少しお待ち頂き、ファイルを確認する。

医療保険からの通知、介護保険、障害者のサービスは、名前が複雑で、また途中で、サービスが変わったり、名前が変わったりするものだから、訳判らず、常にファイルして、間違いのないよう備えている。

例えば、高額とつくだけでも、

・高額介護合算療養費・高額医療合算介護サービス費
・高額介護合算療養費
・高額介護合算介護サービス費
・高額医療合算介護サービス費
・高額医療費

等々ある。区役所で尋ねても、判らない人もいたし、例え説明されたところで絶対に判らない。

私は、最近のファイルを探したが、医療費払い戻しの通知は見当たらなかった。家は、私だけでなく、ヘルパーが郵便物を取る事もあるし、チラシに挟まって捨てられてしまう事もあるだろう。その旨を伝えると、この電話の星野さんという男性が、社会保険事務局に電話して、お客様番号九九八七二六と仰って下さいと、親切に教えて下さった。

三日前に、受け取れた筈の過払い金は、三一六二九円。医療や介護保険で戻ってくる額が、通常、何百円、千何百円、たま〜に一万円位なのに比べると、かなり大きい数字だ。

社会保険事務局に電話すると、担当の西野さんが、細かく私の生年月日や年齢まで聞く。そんな事聞かれた事ないので、少しムッとして、

「それ、必要ありますか?」

と言うと、確認の為と言う。そして、本来なら取りに来て貰うところだが、今回は特別に、口座に振り込んでくれるという。

「お近くに、コンビニありますか?」

「すぐ近くにローソンがあります」

「二時迄なら間に合いますので、早くいらして下さい。ATMの前から、またお電話下さい。あ、カードとお客様番号お忘れなく」

時計を見ると、一時五十分。

私は、走ってローソンに行った。

ATMの前から電話をする。西野さんが出た。西野さんは、すごく焦っていて、パソコンや携帯電話が壊れた時に、直してくれるアドバイザーのような口調に変わっていた。

「カードを入れて下さい」

「振込を押して！」

もう命令口調で怖い程だった。

「お客様番号押して！　九！　九！　八！　七！　二！　六!!　送金押して!!　送金!!」

気づいた。

「早く!!　早く!!」

電話の向こうで叫んでいる。

私は電話を切った。

怖かった。

膝がガクガク笑った。

真っ青になり、家に辿り着いた。


杉並警察署の方が、二人いらした。

私が電話したからだ。

今日は、ハローページ、杉並区のふ行の人、上から順番に狙ったらしい。

防犯対策で、電話は常に留守電にし、知り合い以外の電話には出ない事。ハローページも削除するよう指導を受けた。

まさか、私が引っかかるとは思わなかった。功妙だった。お客様番号は金額だった。

私の出演した「遺留捜査」が放映になったばかりで、警部補さん達は、殊更親切にして下さる。

その後、実現はしなかったのだが、「オレオレ撲滅キャンペーン」への出演依頼も来た。

教訓其の三　オレオレと　女優も騙す　演技力

ユーミン×帝劇

二〇一四年春

東宝から、帝劇十月公演のお話を頂く。

ユーミン×帝劇「あなたがいたから私がいた」

なんとユーミンの舞台だ！

あんなに仲良かったユーミンは、いつからか遠い存在になり、八年前、お父様の社葬で、八王子市民会館に伺って以来、会っていない。

「ママー!! ユーミンの舞台に出る!!」

ママに、ユーミンの顔が表紙になった仮台本を見せると、

「えーー!? これ!?」

と、ユーミンの顔を指差し、次に、

「これ!?」

と、私の顔を指差し、何度も何度も同じ動作を繰り返し、私が、

「ママ観てねっ!!」

と言うと、ママは、左手で、二、とピースマークを出した。

「二回ね！ 二回観てね!!」

「うん!!」

ママは、物凄く嬉しそうに頷いた。

私は、早速、まだ発売前の車椅子の席と、その隣の座席を前後二席、ヘルパー用に押さえる。十月十一日と三十日の二回だ。

帝劇は、日本一の劇場だが古く、新国立劇場のような、バリアフリーで車椅子対応のスペースがない。その代わり、一階上手の最後列が、五席外せて、そこに車椅子が入れる仕組みになっている。

六月十一日(水)
ポスター撮影。
ユーミンとは、何度も何度も抱き合って、再会を喜んだ。
あっという間に、三十五年前に戻った。
次から次へと、想い出話が尽きなくて、共演者の皆さんも巻き込んで、大笑いした。
これから始まる舞台に胸がときめいた。
私の役は、主人公が年老いておばあさんになった時の役。おばあさん役だ。
松任谷正隆さんの演出は厳しくて、イギリスの演出家のようだったが、面白かった。

パパがよく、本物を見分けるには、偽物ばかり見ていても見抜けない。本物ばかりを見る事が大事だと私に教えて、いくつも壺をくれた。(中には偽物も交じってた)
松任谷さんは、そんな感じだ。本物ばかり見て育って、本物を知っている感じがして頼もしかった。

十月三日(金)

ママが救急車で運ばれた。

お腹がパンパンで、ブジーしても、その張り方は、尋常でない。四年前、やはりお腹が張って、荻窪病院に救急車で運んだ時には、レントゲンの結果、もうすぐ便が降りて来るから大丈夫と、パンパンのお腹のまま帰された。今回もその程度ならいいが、もしかしたら、腸閉塞かもしれないと、先生に言われる。

ヤブ医者の後任の先生は、薬学にも精通した女医さんで、信頼出来た。

私は、明日からの舞台稽古に備えて、午前中から、帝劇まで車で荷物を運び、付き人に後は任せて、早々に家へ戻った。

仕事がなければ、ママの様子をもう少し見てからの判断でもいいが、明日から四日間連続の舞台稽古で、五日後は初日だ。みほちゃんとも相談して、先生に連絡し、救急車を呼ぶ。

荻窪病院の救急外来で、腸捻転《ちょうねんてん》と診断され、腸カメラを腸の奥まで入れ、整腹した。するとと、ママは案外ケロッとして、お腹がすいたみたいだ。

ママの心配は、自分の病気より、ユーミンの舞台を観に行くことだった。

諸々、検査もあり、約一週間の入院と言われたが、この状態で、八日後に帝劇へはとても行けまい。三十日の観劇を目標に、ママを始め、皆で頑張ることにした。

翌日からは私は、家↓荻窪病院↓帝劇↓荻窪病院↓家、の毎日だった。カズちゃんにも手伝って貰い、電話で連絡を取り合った。

十月九日（木）

ママは退院した。

昨日、初日を迎えた私は、みほちゃんと共に、ママを退院させ、それから帝劇へ向かった。

夜公演終了後、ユーミンに、軽飲みに誘われて、丸の内まで歩く。こんな時間からの飲食なんて、何十年振りだろう。表に出ると、二時を回っていた。家にそっと帰ったが、ママは待っていた。ママと握手して、みほちゃんを起こさないよう、二階の自分の部屋に上がった。少しだけ、自分の時間が返ってきた。

十月三十日（木）

ママのネイルは完璧だし、ヘアメイクは、元美容師のみほちゃんに任せて、私は帝劇に行く。

今日は、もうひとり怪力ヘルパーM子も頼んだ。これで、安心だ。

もうすぐ着くとの連絡に、私は、スッピン、ジャージのまま、正面玄関横の扉から表に出る。私も映った大きな看板の前に立って待つ。帝劇前のお客様は、誰ひとり私に気づかない。

ストレッチャー車到着。スペシャリスト田中さんが、リクライニング車椅子に移乗させ、私が車椅子を押して、ユーミンの歌声が響く上手ロビーから、客席に入った。ユーミンにライトが当たっている。サウンドチェックが終わり、ユーミンは、下手へ歩き出した。

「ユーミーン!!　ママー!!」

私が、中通路真ん中から叫んだ。ユーミンは、右手で眩しいライトに手を翳《かざ》して、
私を探す。私はもう一度叫んだ。

「ママ来たーっ!!」

ユーミンはママに気づいて、

「ママー!!」

舞台から一目散に、ママの許に走ってきた。

「ママー!!」

ママに抱きついた。ママは、
と、大泣きだ。ユーミンも、

「あ〜!!　あ〜!!」

「ママー!!　ママー!!」

と泣いていた。

カーテンコールでは、一階上手奥のママに、私は思い切り手を振った。

ユーミンの頬に、涙が何筋も伝い、何度もママに手を振って、最後に観客に、

「皆が、同じ方向に手を振ってる時は、誰かの家族が来てる時なんですー」

と、またママに手を振ってくれた。

終演後、私の楽屋に飛んできたユーミンは、ママに、百回位キスをした。

「ママ、これでまた長生き出来るね」

と言うと、ママは、

「うん！」

と、元気に頷いた。

塩分制限　6g

二〇一五年二月二十六日（木）
医者から、家では話せないので、病院に来て欲しいと言われ、ドキドキしながら伺う。

ママの急激なむくみ、蛋白尿増加の原因として、糖尿病性腎症と膜性腎症の可能性が高く、当面、薬の変更、塩分制限等で経過観察、胸水等溜まった場合は、入院と言い渡された。

ママは、七年前に、糖尿病が発見され、以降は、薬に加え、糖分カット。

料理は、砂糖の代わりにパルスイートを使用し、甘いお菓子は、誕生日とクリスマスのみの楽しみとなっていた。

五年前には、大好きな果物もカット。

糖分制限の上に、今度は塩分制限だ。先生からは、塩分6gと指定された。

帰り道、書店で私は、腎臓病と、腎臓病食の本を購入し、研究した。

一冊の本には、家庭で塩分制限する際には、思いがけない物にも塩分は入ってたりするので、少し低めに設定した方がいいと書いてあった。

私は、腎臓病の本と、取っ組み合いながら、塩分4gを目標に、メニューを作成した。私の場合、料理が全く出来ないところから、この介護が始まっているので、レパートリーも少ない。そこへ来て、塩分制限となると、腎臓病食のレシピに頼らざるを得ない。雑炊や、薄味の食事が続いた。

すると、ママは不味いものだから、食べない。次の採血後、先生から、

「記憶障害を起こす可能性があるから、塩分8gにしてー!!」

と電話があった。

6gと指定されたのに、4gにしたせいで、不味い食事になり、ママがほとんど食べない為、結果、塩分は4gどころか、ほとんど取れていない状態になってしまった。

食事を元に戻し、肉マンや、大トロ、ヒレカツを出すと、俄然食欲が増した。

この腎臓病食をなんとか美味しく出来ないものか、と悩んでいたところに、一冊の本と出会う。

『塩分早わかり』(女子栄養大学出版部)というこの本には、塩や醤油等調味料から、インスタント、冷凍食品、ご飯、麺、パン、お菓子等、種類別、メーカー別の塩分が詳しく書かれ、魚、肉、缶詰、乾物、わかめ、のり、練り製品、また、外食の、おおよその塩分まで細かく書かれていた。

この本を基に、私は、ママが食べられる、普通な味の塩分カット食を研究した。そして、誰が作っても塩分が保たれるよう、塩分計算をした「塩分ノート」を作成した。

まず、塩や調味料の塩分を書き出す。

・やさしお	小さじ1/5	**0.6g**
・減塩醤油	小さじ1	**0.4g**
・ケチャップ	小さじ1	**0.2g**
・減塩ソース	小さじ1	**0.1g**
⋮		

そして、塩分を書き込んだ材料表

ピザトースト

・無塩パン	1枚	
・ハム（塩分30%カット）	1枚	**0.15g**
・玉ねぎ（スライス）	少々	
・チーズ（細切り）	30g	**0.5g**
・ピザソース	小1	**0.1g**
・マヨネーズ	小1	**0.07g**
	塩分合計	**0.82g**

なすの揚げ浸し（4人前）

・なす	2本 （8等分）	
・かつおだし	150ml	**0.16g**
・ほんだし	小1	**1.05g**
・減塩醤油	大3	**3.6g**
・パルスイート	大1	
・みりん	大1	
・生姜	擦る	
・サラダ油		

塩分合計　4.81g÷4＝1.2025g

※煮汁を全部添えないので、実際は、より低い。

オムライス（1人前）

・ごはん	1杯	
・鶏もも肉	1/4枚	**0.075g**
・玉ねぎ	1/4個	
・ケチャップ	大2	**1.2g**
・　〃 （飾り用）	小1	**0.2g**
・卵	1個	**0.2g**
・サラダ油		
・無塩バター		

塩分合計　1.675g

減塩の顆粒だしは使わず、ほんだしを使い、減塩醤油、減塩だし醤油、減塩ソースは、一番塩分の低い物を選んだ。スーパーで取り寄せたり、ネットで買ったりもした。

お惣菜は、必ず塩分表示のある物を購入。

ナトリウムで表示されている物は、
ナトリウム（ｍｇ）×２・５４÷１０００＝食塩相当量（ｇ）

で、必ず計算する。

ママは、江戸っ子で味が濃く、料理上手だったので、薄味で、ましてや不味い食事は、全く食べてくれない。入院中も、ママは、頑として、病院食に手をつけなかった。

看護師が、

「いつか、食べますよ」

と言ったが、結局退院まで食べなかった。私が個室を選んだ理由は、大音量のテレビや、ママの喚き声もあるが、食事持ち込みの割合も、かなり大きかった。

塩分ノートは、全てコピーし、外に出る時は、必ず持ち歩いた。

仕事の際には、毎日の介護ノートの食事欄に、メニューと共に、塩分も書き加えた。

飲み物の塩分もだ。それもコピーし、持ち歩いた。

夕食をメインにし、朝、昼は、2g位で抑えるよう努力した。トンカツ等、ソースやケチャップを使う食事が夕食の場合は、塩分が低いので、朝、昼に、塩分を使えた。6g以上も、6g以下も駄目だった。家には、大さじ、小さじ、小さじ1／2、1／4、1／8と、大量のスプーンが、台所に並んだ。カズちゃんは、デジタル塩分計を買ってきてくれた。ひとりのヘルパーさんも、いい加減にする事なく、私のメニューと塩分ノート通りに食事を作ってくれたので、仕事の際も安心だった。

ママの快復に向けて、全員一丸となって取り組んだ。

観月ありさちゃんのバリ島結婚式へ

二〇一五年十月三十一日（土）
大好きな観月ありさちゃんの結婚式に出席する為、バリ島へ。

ママが倒れて十年、仕事以外で外泊したのは、二月にユーミンの苗場コンサートの際、一泊しただけだ。

飛行機は、国内でも避けていたし、海外旅行などあり得なかった私に、ママが、ゴーゴーサインを出したのだ。自分のせいで、何処へも行けない娘を不憫と思ったのだろうか。

ヘルパーさんの協力もあり、私は、万全な準備を整え、いざ、バリへと旅立った。

二日間の、ブルガリホテルでの夢のような結婚式と、パーティーを終え、翌日、深夜〇時二十五分発の飛行機に乗り、四日の朝八時五十分成田着で帰る予定だった。

が、なんと飛行機が飛ばなくなった。インドネシアの火山が爆発したのだ。

私と、司会の中井美穂ちゃん、DJ DRAGON、渡辺謙さん、南果歩ちゃん、他、帰国予定の出席者全員が、空港から、ありさ夫妻がまだ泊まる、ブルガリホテルへと戻った。

以前、この爆発で、一週間飛行機が飛ばなかったとの情報も得る。

タクシーの中で、家に泊まる、ヘルパーM子と、冷や汗タラタラで、メールのやりとりをする。現地時間は、夜中の一時。日本は二時だ。私がイライラしながら、メールしていると、謙さんから声がかかる。

「電話かければいいじゃん」

そうだ、その通りだ。電話は高いので、メールと思い込んでいた。流石、世界のケン・ワタナベだ。

家に泊まっているヘルパーM子は、朝十時交代で、次のヘルパーさんは、十九時までしか頼んでいない。

朝になり、ようやくみほちゃんが、十九時から家に泊まってくれる事に。続けて、明日以降一週間、泊まりのヘルパーの手配をする。医療処置もあり、誰でも留守番がいればいいという訳にはいかないので、四人のヘルパーさんに、土下座する程、お願いし、予定を変更して、家に入って貰う約束にこぎつけた。

次はメニューだ。

塩分ノートのコピーを持って行ってたのと、冷蔵庫、冷凍庫の中身、レトルトや缶、調理ミックス等も、表にして持っていたので、次々と計算して、メールで送信する事にする。

その間に、日本で仕事のある人達が、陸路、水路、空路を使って、帰国の途に就いた。

それは、まず、約二十時間かけて、車と船を乗り継ぎ、スラバヤ空港まで行き、自家用ジェットでジャカルタへ飛び、そこから成田というコースだ。しかし、ジャカルタからのチケットは、まだ取れていない。

中井さん、DRAGON、謙さん、果歩ちゃん、BIGBANGのスンちゃん達は、果敢に出発して行った。

朝、全員集合で、このコースで帰りたい人、と言われた時、私は手を挙げなかった。ありさのご主人のコーちゃんが、

「マリ姉《ねえ》は、お母さんの事があるから、先に帰って欲しい。英語の出来る、僕のスタッフと、ありちゃんのマネージャーもつけるから」

と言ってくれた。涙が出る程有難かったが、考えた末、お断りした。再三、大丈夫と言われたが、私に、万が一の事があってはならないのだ。私は、皆と行動を共にするグループに残り、飛行場に近い、ホリデイ・インホテルに移った。ここも、皆と一緒で楽しかった。私は、日本との電話や、メールや、メニュー作りで、部屋に籠る時間も多かったが。

その夜、食事を始めようとしたら、飛行機が飛ぶとの情報に、荷造りして飛んで行くが、結局飛ばず、翌日、コーちゃん、ありさのスタッフが並んでくれて、ようやく帰れる事になる。

みほちゃんが、ママの動画を送ってくれた。

「おかえり！　マリ！」

口のきけないママが、喋っている！

どうやって教えたのか？

どうして話せたの？　ママ!!

いろんな絆が深くなった。

コーちゃん、ありさ、ありがとう!!

ママには、ブルガリのスカーフと、ポロシャツをお土産にした。

ママ、ありがとう!!

再入院・再々入院

私のバリ島旅行で、恒例の秋のバーベキューは中止となり、その代わり、ヒコのゆうた達を呼んで、お寿司を食べたり、リクライニング車椅子で、近所のお寿司屋さんに行ける程、ママは元気だった。

むくみの為、水分は一〇〇〇〜一二〇〇ccと制限されたが、クリスマスには、ユーミンが焼いたターキーを食べ、お正月には、おせちやお雑煮を沢山食べた。

二〇一六年一月七日（木）

四日前から、ブジーしても、便が少量しか出ず、お腹がパンパンになる。

午前中に、先生に電話するが、様子見と言われる。しかし、ママの痛がり方が普通でないので、看護師の須藤さんに診て貰い、先生に連絡の上、救急車を呼び、荻窪病院へ。

一年前の時と同じ救急外来で、同じように、腸カメラを深く挿入し、ママは整腹した。

処置室から出て来た先生から、

「S状結腸捻転症で、これは繰り返すので、腸を切ったらどうですか？」

と、いきなり言われる。

「母は、もう手術出来ないと、十年前に、慶應病院で言われたのですが……」

私は、戸惑いながら答えた。

「内視鏡で、四ヶ所穴開けるだけの簡単な手術ですよ。ま、考えといて下さい」

と言われたものの、九十一歳のママには、大変過ぎる。辛過ぎる。可哀想過ぎる。

絶対無理と思っていたが、六日後の退院の際、またその先生から、

「決心はつきましたか？」

と言われる。私は、

「あの、もし又、すぐ腸捻転になるようでしたら、その時考えます」

と言い残し、退院した。

しかし私は、絶対無理と確信していた。

二週間後に、往診の先生から、荻窪病院のその先生に、医師会で会ったと伝えられる。

そして、往診の先生からも、

「手術したら？」

と言われた。慶應病院で、もう手術出来ないと言われた事にも首を傾げていた。

「内視鏡なら、負担少ないし」

十年近く、診て頂いている先生が仰るなら、大丈夫なのか？　十年の間に、医学が進歩したという事なのか？

最優先は、ママの体だった。とにかく、長生きして欲しい。それだけだ。

二月十一日（木）
再度、ママが腸捻転で入院する。
前回、前々回と同じように、救急車を呼び、荻窪病院に連れて行く。
今回、救急外来で整腹して下さった先生は、前回の先生のように、手術を強いる事もなく、むしろ慎重だった。

私の方から、手術を勧められた事を話すと、

「うーん、五分五分ですねー」

と、決断は、私に委ねられた。

ママの病気は、脳梗塞後遺症だけでなく、心房細動、甲状腺機能低下症、糖尿病、腎臓病、カリウム不足、むくみの他、子宮がん、乳がんからのがん転移も考えられる。

検査したら、絶対に、何かの病気が引っかかり、手術が出来ないに違いないと、私は、自信を持っていた。ママの強運も信じていた。

そこで私は、検査して、引っかからなければ、内視鏡手術に踏み切り、引っかかれば、これまでと同じように、入退院を繰り返し、整腹してもらおうと、検査に賭けた。

耳も、目も疑うような結果が返ってきた。

ママは、検査結果により、手術可能と診断された。逡巡《しゅんじゅん》する間もなく、若い新鋭な先生が、ノックして病室に入ってきて、カズちゃんと一緒に、話を伺った。

慶應病院の外科にいらしたそうで、少し心も許してしまったが、先生の説明は、判り易く、まず、腸捻転で手遅れになった場合、緊急の大手術となる。それを避ける為には、予定して、内視鏡で腸を切るという方法がある。どちらを選ぶかという話の内

容だった。

今回も、かなり時間が経過していて、救急外来では、腸の一部が壊死《えし》している場合は、開腹手術となる、と言われた。

実は、私は、ママが入院した翌日、ユーミンの苗場のコンサートに、一泊旅行に行く予定だった。ママは、また私に行かせてあげようと、ギリギリまで我慢してくれていたのだ。ママは、どこまでも、私の親だった。

私が大事なのは、ママの体と、私がいない場合の対処の仕方だ。

先生は、ママも私達も楽になる方法として、ストマ（人工肛門）の提案をされた。切った腸の片端は塞《ふさ》ぎ、もう片端は、おへその横から体の外に出すという手術だ。

在宅では、一度も話に上ったことのない、新しい試みに、勿論怖さもあったが、ママのお腹が楽になる事、ヘルパーも、覚えれば誰でも出来る処置となれば、ヘルパー選びの枠も広がる。

看護師の須藤さんには、何度も相談した。

ママにも、先生の描いた絵を見せ、説明した。ママは、イヤ、イヤ、と泣いていた。

不安が一杯だったが、私はこの手術に賭けた。

この時、ママと私は、滑り台の上にいた。

ママを死へと突き落としたのは、間違いなく、この私だった。

ストマの恐怖

二月十八日（木）

手術室の前で、最悪、最期の別れになるかもしれないママに、

「ママ、頑張ってねっ!!　絶対良くなるからね!!」

と手を握った。

カズちゃんと、友達のエツコが来てくれたが、ママは誰かを探していた。

「あの人だけなの！」

と聞こえた。ママは、いつも来てくれる、近所の脇坂さんを探していた。

「おばちゃま、来れないの」

と伝えると、ママは泣き出し、そのまま、手術室へ連れて行かれた。

九時から始まった手術は、三時間二十分にも及んだ。

明日の台本を読もうとしたが、読める訳なかった。

手術後、ストレッチャーで運び出されたママを見て、カズちゃんとエツコが号泣した。

私は、まだ自問自答を繰り返していた。ママが可哀想でならなかった。新たな苦難も予感した。


ママは痛がった。

内視鏡手術が痛くない、なんて嘘だ。

可哀想に、痛がり続けた。

しかし私は、何度も大手術を乗り越えた、ママの生命力も信じていた。

重湯から始まる食事に、のりの佃煮や、ふりかけを混ぜ、少しずつ常食に近づけるよう、ママと頑張った。

一方、約一ヶ月の入院となり、ヘルパーのキープと並行して、ストマの処置の為、介護保険等のサービスを大きく変更する。

ストマ交換（パウチ交換）は、一日置きだが、ヘルパーは、介護保険では禁止されている。家は、私費も入るので、必ず覚えては貰うが、とりあえず、訪問入浴を、週一回から二回に増やし、ストマ交換をする。その他の日は、特別訪問看護指示書で入る、看護師か、私で行う。カズちゃんも習得した。河北病院　ストマ外来の看護師も手配した。

ストマの便を捨てる処置も、ストマ交換も、とても簡単とは言い難い、やっかいな代物で、自分の勉強不足を責めた。

三月十日（木）
ママが退院した。
まだ、食後、腸が痛くなるが、少しずつだが痛みは和らいでると思いたい。
あまり食欲はない。

三月十七日（木）二時

夜中に、大量の黒いゼリーのような便が出ていた。ストマのパウチにも、大量の便が溜まっていた。どちらを先に処置するか、寝呆け頭で考える。まず、陰洗ボトルにお湯を入れ、ママを横にして、おむつ交換から始めた。

その時突然、大量の便の溜まったストマのパウチが剝がれ、便が滝のように、ベッドに流れ出した。最早ひとりでは手が足りず、二階に泊まって貰っていたカズちゃんを、ママのナースコールで呼ぶ。ベッドは既に便の海だ。

カズちゃんの驚声が轟いた。

カズちゃんには、まず、天袋から、ありったけのおむつを出して貰い、流れる便の上に置き捲り、ママを上向きにした。ストマから、便が噴水のように、天井まで吹き上がった。

ママをきれいにするまで、何時間かかっただろう。

ストマは、一筋縄ではいかなかった。

再々入院

四月九日（土）

安倍首相からのお招きで、「桜を見る会」に出席する為、私は、早朝より、ヘアメイク、着付をして貰い、ママや、みほちゃんとも写真を撮り、新宿御苑へ向かう。

ママが大ファンの、鈴木福ちゃんとの二ショット写真を送ると、ママは声を立てて笑っていたそうだ。

お昼前に帰ると、十時交代のヘルパーM子が、ママの足の湿疹《しっしん》が酷いと言う。

三日前にも、先生に診せたが、引いた場所もあるので、様子見と言われていた。

一日振りに、ママの足を見るとかなり湿疹が酷く、背中やお尻も、真っ赤に小さな湿疹が広がっている。

先生に電話すると、やはり様子見と言われた。

四月十一日（月）

今日から、新しいドラマが始まる。十四日からは、伊勢志摩へバスで向かい、二週間戻れない。

日に日に酷くなる湿疹に、朝、先生の病院に電話し、応対した看護師に、先生に診て頂きたいと訴えたが、水曜日に先生が往診するまで、待つようにと言われる。酷さを写メで送りたいとも言ったが、断られ、十一時に家に来る、訪問看護師にも、先生に連絡して欲しいとメモを残し、ロケに出る。

新宿のロケ現場から、家にいる、訪問看護師と電話で話す。帰宅後、更に酷くなっているママの湿疹に、再び先生に電話を入れたが、返事は同じだった。

四月十三日（水）

私は明日から、伊勢志摩へ、二週間のロケに出る。その間に、大阪でのレギュラー番組も入り、家には全く帰れない。

午後、ようやく先生がいらした。

「皮膚科の先生知らない？」

から始まり、結局、荻窪病院へ、救急車を呼んだ。

慌てて、常備していた入院バッグに、メモを見ながら準備をすると、先生から、

「まるで、入院させてくれって言ってるみたいじゃない」

と言われたが、入院しなければ、持って帰ればいいだけの事だ。明日から家を離れる私は、最悪の事態を想定して、入院セット一式を持ち、救急車に乗り込んだ。

皮膚科の先生は、薬疹に違いなく、新しく飲み始めた薬、先月、退院後、再開した薬について詳しく聞かれた。

私がいないのに、ママを外来に通わすのは不可能なので、入院させて欲しいとお願いしたところ、

「皮膚科で入院はないんですよ」

と、先生は言いながら、即入院となった。

それは、カリウムの数値が、異常に低かったからだ。

先週、再開した薬の中に、カリウムの薬があり、それをやめると、カリウムが下がり、命にかかわるという事だった。

私は、ママのむくみも一緒に診て頂きたいと先生にお願いして、入院の手続きに入

った。同行してくれたヘルパーアベさんには、お帰り頂き、カズちゃんは、主人と紹介し、明日からの入院の付き添いをお願いした。明日から三日間は、午後一時まで、みほちゃんにも頼んだ。

四月十四日（木）

十時間以上のバス移動の中、どれだけ電話で話しただろうか。

共演者にも丸聞こえだ。

しかし、それどころではない。

医者は、一度だけ話が出来たが、あとは規則があるようで、電話では話が出来なかった。

四月十六日（土）
足のむくみがパンパンの写メが送られてくる。
むくみは、水疱《すいほう》となり、それが潰れ、おむつを当てがっているとのこと。
たった二日で、何が起こったのか？

四月二十二日（金）

むくみのせいで出来た水疱が、ベロベロに剝がれた写メが送られて来る。全身だ。

みほちゃんが着いた時、部屋の外まで、ママの叫び声が響いていたという。

一体、何が起こったというのだ。

本来なら、二十四日にバスで帰る予定だが、事務所の尾木社長の計らいで、一日早く、明日撮影後に、新幹線で帰京することになった。

四月二十四日（日）

阿佐ヶ谷駅前から、七時五分発のバスに乗る。

「マリコさん見たら、泣いちゃいますよ」

みほちゃんに言われたこの言葉が、頭の中をぐるぐる回る。相当な覚悟を決めて、病室のドアを開けた。

「あ〜あ〜!!」

ママは私を待っていた。

ごめんね、ごめんね。

私は、ママをなんとか助けるから!!

四月二十五日（月）

主治医の先生から説明を受ける。

二月に入院した際に整腹して下さった優しい先生だ。

ここで私は、卒倒するような報告を受けた。

それは、ママに肝硬変が発見されたのだ。

先生からは、これは、昨日今日の事ではないとも付け加えられた。

「ストマの手術が出来るかどうかの検査をして頂いた時には、発見されなかったんですよね」

私が鋭く突っ込んだが、なんとなく躱《かわ》された。

急激なむくみの原因も、明らかにはされなかった。

とにかく、急激なむくみ、ズル剝けの水疱、褥瘡《じょくそう》の、悲惨なママの体を、なんとか治さなければならない。私は、連日、看護師と共に処置を行い、並行して、須藤さんには、何度も病院まで足を運んで貰った。

須藤さんの見解は、ママの状態は、在宅で診れる範囲のものではないと。

六月二十五日（土）

少し、むくみも、褥瘡も落ち着いてきたところで、また振り出しに戻った。

しかし、これでママのむくみの原因が判った。

病院側は、それだけではないと言うが、原因は、サムスカという利尿剤だった。

昨日、利尿剤を、四月の入院時に使用していた、サムスカという利尿剤に変更したが、朝、ママの布団を開けると、ママの腕や足が、ブクブクに腫れているではないか！

すぐ看護師に連絡し、先生との連絡がつくまで、その薬は飲ませず、先生の判断を仰いだ。

私は、これだと判った。

と同時に、薬のせいだけならば、ママは必ず治る。家にも帰れると希望を持つ。

ママの経過を見ながら、二軒程、療養型病院にも面接に行ったが、家に帰る準備も粛々と進めた。

朝四時に起きて、家の片付け、掃除を少しずつこなし、コンビニ二軒寄ってから、七時五分のバスに乗り、帰りは、十九時前後のバスで帰る。

毎日、病院通いしてくれるカズちゃんとのコンビニ食も、もう限界を越えていた。

カズちゃんは、既にヘルパーさんと同じ位、ママのケアが出来るようになっていた。食事、歯みがきから始まり、清拭、ストマ交換まで、その愛情込めたケアは、むしろヘルパー以上だった。

嫌っていたカズちゃんを、ママが段々頼りにするようになる。

家の隣のアパートに引越したこともあり、仕事のない時には、私の代わりにママの世話をしてくれた。

そして、ママが家に帰ったら、カズちゃんも手伝ってくれるという、有難い言葉を受けて、私は、須藤さんに連絡する。

まず、往診の先生の許可を取るよう促され、先生の病院へ。四ヶ月間の事の次第をダイジェストで説明。

「家で看取る覚悟」

を条件に、再度お引き受け頂く。

次に、最大の難関、ヘルパーだ。

四ヶ月間、四人のヘルパーに、細かく連絡はしたが、彼女達にも生活がある。いつまでも、休んで待ってて貰う訳にもいかず、一度は手放したものの、再度戻って貰えないか、ありったけの手を尽くした。

しかし、戻ってくれたのは、火曜、水曜（泊まりNG）アベさんと、金曜午後一時までのみほちゃんだけだった。

私は、携帯のアドレスに登録されていた、家に入った事のある、何十人ものヘルパーに、片っ端から電話をかけた。ひとりのヘルパーさんが、事業所の女社長さんに相談してくれて、次々に、ヘルパーさんを紹介して下さった。

こうして、八月二十二日（月）、嵐の中、ママは退院した。

主治医の先生は、うつむき加減だった。

先生からは、こう言われていた。

「家に帰ったら、またすぐに、救急車呼ぶ事になりますよ。そうなっても、うちでは受けませんから！」

雷鳴が轟いていた。

ママの最期

往診の先生からも、荻窪病院の先生からも、ママは、もう長くないと言われた。

もっと早く言われていれば、ストマの手術など、踏み切らなかったのに。

しかし、長くないと言われ、何でも食べさせていいと言われ、ママは甘いゼリーや、果物を毎日食べた。

おかしな論理だ。

長くないと言われなかったら、ママには、塩分糖分制限して、むしろ長生き出来たのではないかとも悔やむ。

ママの食欲は細く、おソーメンと、果物と、アイスが好物になってしまった。

そしてむくみは、ママの体重を百キロ近くまで押し上げていたと思う。

病院の看護師からは、全く報告されていなかったが、夜中になると、ママが声をあげて騒いだ。
病院で怖い経験をしたのか、むくみの痛さなのか、大声を張り上げて、私を困らせた。

八月二十九日（月）
二日遅れのママのバースデイパーティーを、サプライズで開く。
九十二歳になった。
車椅子に乗せられず、ママのベッド周りに集まってのパーティーだ。キラキラに飾り付けした部屋のベッドの上で、ママはゆうた達と、ケーキに灯る蝋燭《ろうそく》の炎を吹き消した。この日の為に、先週退院したと言っても過言ではない。

九月六日（火）
パンパンにむくんだママをなんとかして欲しいと先生に訴えていたところ、新しい利尿剤が処方される。

荻窪病院では、ママは血管内脱水と言われ、サムスカ以外は、ダイアートとアルダクトンを、恐々《こわごわ》増やしたり減らしたりしていた。

新しいフルイトランという利尿剤は、劇的な効き目で、ママのむくみは、見る見る引いていった。

私は、ママの負担のないよう、車椅子に移乗する、イージーグライドという、サーフボードのような板を注文し、

「ママ、お寿司屋さんに行けるかもよ！」

と言うと、ママは、

「ほんと〜に？」

と、パッと喜んだ。

しかし、ママの調子は、思わしくなく、夜中の叫びは、更に酷くなっていった。

いつもいつも痛いので、痛み止めを飲ませるが、効かなくなるのを恐れて、ダミーの整腸薬を、間に挟んだりする。

私の連ドラも始まるが、夜中までかかる日が多く、カズちゃんは大変だった。今回の退院で、新しいヘルパーさんが増えた為、夜七時以降は、二階に泊まる、カズちゃ

んに任せていた。

相変わらず、私はママの隣に布団を敷いて寝ているが、ママの夜中の叫び声が酷くて、なかなか眠れない。近所迷惑も心配して、声をあげる度に口を塞いでいたが、間に合わないので、ガーゼのマスクをさせたりした。しかし、これも息苦しく、外してしまう。どうやら、自分の意思ではなく、声が出てしまうようだ。

十月二十四日（月）

八王子で、夜中までの撮影中、カズちゃんから、何十回も電話がかかる。

本番中も、座った膝の上に電話を隠す。

何度も鳴る電話に、監督から、

「どうぞ」

と言われ、

「すみません」

と、カズちゃんとやりとりする。

もうママは、声も出なくなってきたらしい。

夜中に家に帰ると、暗い部屋で、骸骨みたいになったママが、私を待っていた。

「ママー!!」

私は、ママに抱きついた。

このまま死んじゃうのかな。

もう、死人の顔のようだった。

「ママー!!　ママー!!」

ママはもう叫び声を上げる力もなく、ゼイゼイと、左手で、強く私の手を握りしめた。

十月二十五日（火）
昨日入った吸引器の使用方法を、看護師に教わる。アベさん、カズちゃんもだ。
先生から電話があり、検査の結果、脱水が酷いので、口から飲めなければ、点滴と言われ、飲水を、八〇〇ccから、一二〇〇ccに増やす。

十月二十六日（水）

往診の先生に、利尿剤が効き過ぎていないか、このままでいいか尋ねる。

明日から、フルイトランが二錠から一錠に減る。

足はもうガリガリで、陰部の腫れがようやく引き、お腹の横の硬い部分も取れてきたと思ったら、急激に、首から顔まで、肉が吸い取られ、骸骨のように、ママは痩せてしまった。

十月二十八日（金）
利尿剤、ダイアートとアルダクトンも二錠から一錠ずつに減る。

十一月二日（水）

右足に点滴を入れる。

食べ物を吐き出してしまう。

先生は、脱水で吐き出すのか、死期が近づいているのか判らないと。

病院に連れて行くかと聞かれたが、やる事は同じ、点滴と酸素という先生の説明に、荻窪病院の先生の言葉が頭をよぎる。

「家に帰ったら、またすぐに、救急車呼ぶ事になりますよ。そうなっても、うちでは受けませんから！」

どこの病院へ連れて行けばいいというのか……

家で看取るとも先生と約束した……

「いえ」

小さい声で答えた気がする。

十一月三日（木）
利尿剤ダイアート中止。

十一月四日（金）
デパ地下で、買い物していると、みほちゃんから、ママが、スイカもメロンも口に入れても、吐き出してしまうと報告を受け、慌てて帰る。
夜は、ウイダーインゼリー二口、潰したスイカ二口、栄養ジュース一口、桃ジュース一〇〇cc、アクエリアス八〇cc。

十一月五日（土）

朝、スイカジュース一口、ヨーグルト一口、ウイダーインゼリー一口、栄養ゼリー一口、栄養ジュース一二〇cc。

月一回の歯科検診。

痩せて入れ歯が合わなくなったので、調整をお願いしようと思ったが、午後になると、ガクッと悪くなり、歯科医の先生に、

「病院に連れて行ったら？」

と言われる。

私は首を横に振った。

諦めて連れて行かないのではなく、病院も家もやる事が同じなら、家のケアの方が病院より手厚く出来ると信じていた。

点滴には、抗生物質クラビットもプラスされ、酸素も入った。

十一月六日（日）

朝起きると、ママは、更に一層、口を大きく開き、ゼイゼイと息をしていた。時折、薄目も開けた。

「ママ‼　死んじゃイヤ‼」

と叫ぶと、ママは、薄く目を開けて私を見つめ、

「うん」

と強く頷いた。

先生に電話する。

九時に須藤さん、夕方、先生が来て下さり、酸素レベル2から、十六時レベル3に。

私は諦めない。

「まだわからない」

と先生に言うと、

「よし！　頑張ろう‼」

と仰って、お帰りになった。

夜、姉や、ゆうた達、みほちゃんが駆けつけて来る。

カズちゃんは、リビングのテレビの前に、座布団を敷き横になり、私は、ママのベッドを一番低くして、一晩中、ママの手を握っていようと思った。しかし、ママにはもう握力もなかった。手は、ダラーっと下がっていた。

ママは死んじゃうのかな。

電気はつけっ放しだったのか、よく覚えていない。明日また、昼出発で、夜中まで撮影があるので、少しは寝ておかねばと思い、一瞬位寝たと思う。

覚えていない。

朝になり、私はいつものように、自分の布団を上げ、ママの顔を見ながら、支度をする。

ママは、昨日とほぼ同じように、大きな口を開けて呼吸している。ただ反応はもうない。

須藤さんが昨日、

「私達が思う程、辛くないと思う」

と言った言葉を信じたかった。

こんなに苦しむママが、これから何年も生き延びたら、もっと可哀想だと思った。

これは、ママに死んで欲しいと願う気持ちに繋がるのか。

私は、ママに死んで欲しいのか。

違う筈なのに、今のママが可哀想で仕様がなかった。

何の手の施しようもないのか。

辛い思いだけはさせたくなかったのに。

九時過ぎに、台所で、ヘルパーさんと打ち合わせしている間に、ママは亡くなっていた。


ひとりでごめんね。

淋しかったね。

謝っても謝っても、ママは還って来なかった。

仕事に出発する前に、急いで喪服を出した。

長襦袢《ながじゅばん》には、丁寧に半衿が縫いつけられていた。

ママが用意してくれていた。この日の為に。

撮影前に泣きたくなかったが、ママは、どこまでもママだった。

感謝した。

尊敬した。

ママへ

ママごめんね。

もっと長生きしたかったね。

ママに長生きして欲しいばっかりに、ママに辛い思いをさせて、ママを殺してしまった。

ママは、どんなに私が心配だったろう。

私が心配で、頑張ってくれてたんだよね。

この本も怒るかな……

でも、私は、ママに生き返って欲しかった。

ママの足跡を残したかった。

ママの人生は、幸せではなかったかもしれないけれど、私は、ママの子供で幸せでした。

ママ、本当に、ありがとう

おわりに

「ママー!!　ママー!!」

小学生の私は、帰宅後、鍵のかかった家の前で、泣き続けた。

通りがかりの知らないおじさんが、私を抱き上げ、塀の上に座らせる。私は、更に大声で泣き叫んだ。

どれだけ泣き続けただろうか。

ママを発見すると、より大きな声で泣き、私に手を伸ばすママにしがみつき、ママの匂いに顔を埋《うず》め、泣きじゃくった。

今、私は、この時の私と、全く同じ心境だ。

毎日、

「ママー!!　ママー!!」

と泣いている。

しかし、あの時と違い、どれだけ泣いても、ママはもう帰らない。

ママのいない家に帰り、ママの部屋に、十年間そうしていたように、布団を敷き横になる。

ママのベッドがあった位置からは、猫のカレンダー、ユーミンと帝劇で撮った写真、私のドラマのポスターが見える。目の前には、一日中大音量でつけっ放しだったテレビがある。私の出るのを楽しみに、ナレーションだけでも、毎週欠かさず観てくれた。その左には、昨年のバースデイパーティーの際、ケーキや旗のジェルシールで飾り付けした窓があり、窓越しの駐車場に、私の車が見える。出かける時、必ず、ママは手を振ってくれたっけ。窓の上には、ほとんど一年中フル稼働だったエアコンがある。ママは暑がり、私は寒がりで、夜中に何度も、つけたり消したりを繰り返した。夏でも私は、トレーナーを着て、冬の布団をかけて、ママの温度に合わせた。左には、パパに買って貰った鏡台があり、

「ママが家に帰れますように♡」

と、昨年書いた七夕の短冊が下がり、鏡台の上には、ママと私の沢山の写真が並んでいる。

季節によって、花を飾ったり、ポスターを貼り変えたりしたが、ママは、テレビとこの光景と天井だけを見て、ほぼ十年間を過ごした。

口も利けず、寝たきりのママは、何を考えていたのだろうか。

悔いばかりが残る結末となった。

私は、子育てをした事がないが、子育ては、大きな目標に向かって進むのだろう。

ところが、介護の目標は何か。

それは死だ。

死に向かって努力を積み重ねているのだ。

子供のように育つものでないのなら、ママを良くしようと頑張らなければよかったのだ。現状維持に、むしろ精力を注ぐべきだったか。

高校時代、受験を控えた生徒に、シスターが、

「大学受験の為に、高校を休む。高校受験の為に中学を休む。中学受験の為に小学校を休む。小学校受験の為に幼稚園を休む。だったら、死ぬ為に、生きるのをやめた方がいい」

と仰った。

私達は、死ぬ為に生きているのではない。死ぬことは、人生の目標ではない。ゴールであってはならないのだ。

自分を戒める。

ママが亡くなった直後は、世界中の老人を、機関銃で撃ち殺したい激情に駆られたが、今はむしろ、老人が愛おしくてならない。

ずっと伏せていたママの病気と、十一年間の私の介護生活を、葬儀の翌日、AbemaTV「徹の部屋」と、今年になり、TBS「爆報!THEフライデー」で公にした。

それをきっかけに、尾木徹社長より、この執筆を勧められる。

「ママが死んだら私も死ぬ!」

と、私も周りの人達も恐れていた。

しかし私は、忙しくて、まだ死んでいない。

早くママに会いたい!!

ごめんね、ママ!!

最後まで、お読み頂きまして、ありがとうございました。

私達母娘を支えて下さった方々に、この場をお借りし、厚く御礼申し上げます。

この本の出版を嫌々快諾して下さった、見城徹社長の友情にも感謝致します。

重ねて、この母娘に、限りない愛情を注いで下さいました尾木徹社長に、心より御礼申し上げます。

藤真利子

二〇一七年八月十日

この本をママに捧げる

藤 真利子　ふじ まりこ

一九五五年東京生まれ。女優。
微美杏里の名で作詞も手掛ける。
聖心女子大学文学部歴史社会学科卒業。
父は藤原審爾。

ママを殺した

2017年11月7日 第1刷発行

著者 藤 真利子

発行者 見城 徹

発行所 株式会社 幻冬舎
〒151-0051 東京都渋谷区千駄ヶ谷4-9-7
電話 03(5411)6211(編集) 03(5411)6222(営業)
振替 00120-8-767643

印刷・製本所 中央精版印刷株式会社

検印廃止

 ISBN978-4-344-03207-1 C0095
JASRAC 出 1712635-701 NexTone PB40630号

幻冬舎ホームページアドレス http://www.gentosha.co.jp/
この本に関するご意見・ご感想をメールでお寄せいただく場合は、
comment@gentosha.co.jp まで。